L'EXCELLENCE

DE

L'INSTITUTION DU JURY,

Se trouve A PARIS

Chez { MARESCHAL, rue Bertin-Poirée, N.º 13.
MÉSENGE, Libraire, rue Christine, N.º 12.

L'EXCELLENCE

DE

L'INSTITUTION DU JURY

ET DU

SYSTÈME DE LOIS PÉNALES

ADOPTÉ

PAR L'ASSEMBLÉE CONSTITUANTE,

Et les moyens de les perfectionner.

PAR le Citoyen PORCHER le jeune, d'Orléans, *Défenseur officieux au Tribunal criminel du Département du Loiret.*

> « La connaissance des règles les plus sûres, que
> » l'on puisse tenir dans les jugemens criminels,
> » intéresse le genre humain, plus qu'aucune chose
> » qu'il y ait au monde. »
> MONTESQUIEU.

> « Ce n'est point par la rigueur des peines qu'on
> » prévient les crimes ; c'est par la vigilance du
> » Magistrat, et par cette sévérité inflexible, qui
> » n'est une vertu dans le Juge inexorable, qu'au-
> » tant que la législation est douce. »
> BECCARIA.

A ORLÉANS,

De l'Imprimerie de GUYOT aîné et BEAUFORT, rue des Trois-Maries, N.° 19.

Nivôse AN XII. — 180.

OBJET
DE CET OUVRAGE.

~~~~~~~~~~

DANS le cours de l'an IX, la section de Législation de l'Institut National des Sciences et Arts proposa, pour sujet de l'un des prix qu'elle devait décerner pendant l'an X, la question suivante : *quels sont les moyens de perfectionner l'Institution du Jury en France ?* Je m'étais proposé de la traiter; mais je n'en eus pas le loisir. J'attendis le résultat du concours, espérant que les moyens proposés par celui qui aurait obtenu le prix, seraient publiés et employés par le Gouvernement. Ces deux circonstances n'ont point eu lieu. Ainsi, j'ai ignoré les moyens indiqués, soit par les Candidats, soit par les Auteurs des deux ouvrages couronnés. Depuis, les avantages de l'Institution du Jury ont été révoqués en doute; maintenant son utilité, son importance, sont contestés par les Autorités. L'existence des Tribunaux spéciaux porte atteinte à cette Institution ; le Tribunal de cassation s'est récemment expliqué sur elle, et a proposé au Gouvernement des innovations essentielles. Dans ces circonstances, c'est un devoir pour les Citoyens de méditer sur cette partie de la Législation, qui les intéresse, et d'apporter le résultat de leurs observations. Mû par ces considérations, je n'ai pas cru devoir plus long-temps garder le silence ; j'ai donc résolu de m'expliquer sur cet objet que j'ai long-temps étudié, avec un zèle et une prédilection extraordinaires.

Cet Ouvrage est l'exposition de la Jurisprudence criminelle, pendant les quatorze années qui se sont écoulées depuis 1789. Il en indique les variations, les avantages, les inconvéniens et les améliorations. C'est le tableau fidèle de la sollicitude et des excès, du zèle et des erreurs du Législateur. Il est suivi de l'indication des moyens les plus propres à perfectionner l'Institution du Jury et le Système de Lois pénales, adopté par l'Assemblée Constituante. Cet Ouvrage est le résultat des lumières acquises par dix années d'expérience, sur cette matière digne de provoquer l'intérêt, et de fixer l'attention des Législateurs de tous les Peuples et des Citoyens de chaque

Cité. Puissent les discussions qui vont s'élever, et les nouvelles dispositions légales qu'elles produiront, être dignes de la sagesse de l'Assemblée Constituante et des Écrivains célèbres, qu'elle avait pris pour modèles !

L'EXCELLENCE

DE

L'INSTITUTION DU JURY

ET DU

SYSTÊME DE LOIS PÉNALES

ADOPTÉ

PAR L'ASSEMBLÉE CONSTITUANTE,

Et les moyens de les perfectionner.

●◆◆◆◆◆Э✳G◆◆◆◆◆●

Lorsque le Peuple Français, convoqué en 1789 par le Chef du Gouvernement, pour délibérer sur les grands intérêts de l'État, fût assemblé dans la personne de ses délégués, un examen sévère, commandé par les Citoyens, et devenu indispensable, fût exercé sur toutes les parties de la législation. Le système des lois criminelles fût aussi interrogé; et des vices nombreux, manifestés par une longue expérience, frappèrent alors la

Législateur qui résolut de porter un prompt remède à cette partie des lois Françaises. Le plan conçu par cette Assemblée célèbre, nouveau dans toutes ses parties, demandait à être mûri dans le silence et le recueillement. Des travaux sans nombre, intéressant toutes les parties de l'Administration, et particulièrement la Constitution de l'État, ne permirent pas au Code criminel d'être l'objet exclusif des occupations du Législateur. Cependant la réforme était universellement réclamée ; un remède provisoire fut présenté. Alors parut la troisième loi constitutionnelle, que l'Assemblée Constituante et le Chef de la Nation rendirent de concert, au mois d'Octobre 1789. Cette loi, qui contenait la *réformation de quelques points de la Jurisprudence criminelle*, abrogea les dispositions de l'ordonnance de 1670, que l'humanité réprouvait, et fit renaitre l'espérance dans le cœur des accusés. Par cette innovation salutaire, l'Assemblée Constituante garantit les condamnations, de l'insouciance, de la légèreté et de l'inexpérience humaines, et offrit à l'accusé plusieurs moyens d'établir son innocence, ou de soustraire sa liberté à l'empire funeste des présomptions.

1.º Elle se défia de ces juges inférieurs, qui chargés de l'instruction des procès criminels y procédaient souvent avec une négligence impardonnable, et compromettaient ainsi le sort des accusés. Témoins ces juges coupables, qui, chargés d'instruire le procès de *Lardoise*, *Simarre* et *Bradier*, dressaient le procès-verbal destiné à constater une effraction, deux ans après l'époque où elle avait eu lieu, et par l'effet d'une telle procédure suspendirent le fer homicide sur les membres tremblans de ces *trois hommes* qui furent en effet *condamnés à la roue*, mais bientôt reconnus innocens, et rendus à la liberté.

Des exemples nombreux d'abus du pouvoir avaient inspiré de la défiance au Pouvoir Législatif. Il fit cesser ces désordres, en ordonnant au juge de s'assister de deux *adjoints notables*, pris dans la Commune où se feroit l'instruction, et désignés par l'autorité municipale. L'Assemblée Constituante porta plus loin la précaution ; elle voulut que ces *adjoints* fissent au juge toutes les observations, soit à charge, soit à décharge, que la prudence leur aurait suggérées. Elle recommanda de consigner toutes ces observations au procès-verbal, du juge. Enfin, témoignant sa sollicitude pour l'accusé, elle voulut que le ministère des *adjoints* ne cessât qu'au moment où l'instruction deviendrait publique.

2.º Mais ces moyens, qui démontraient la sagesse du Législateur, eussent été insuffisans, s'il eut négligé de porter plus loin son examen. Il existait en effet un autre vice non moins redoutable dans ses résultats; il ne put échapper à la vigilance de l'Assemblée Constituante, et elle le détruisit par la même loi, en permettant que le *témoin*, qui comparaissait à la confrontation, *pût varier dans sa déposition*, l'augmenter, la diminuer, en un mot la modifier, sans que cette variation le fît réputer faux témoin. Il était évident que cette disposition puisée dans l'équité ne donnerait plus lieu de craindre ces condamnations injustes, suites inévitables de ce vice de l'ancienne jurisprudence, puisqu'il était permis à celui dont l'imagination avait été trompée, de désabuser le Magistrat, et d'expliquer l'illusion que le trouble ou l'infidélité de ses sens avaient occasionnée.

3.º Cependant ces précautions du Législateur pouvaient encore offrir quelques dangers à l'inno-

cence. L'Assemblée Constituante, pour qui le mal‑
heur était sacré, ne voulut pas que l'accusé fut jugé
sans être défendu; et par une disposition précise,
émanée du droit naturel, elle établit que l'accusé
et son défenseur seraient entendus après le rap‑
porteur et avant le ministère public. En ordonnant
ainsi, l'Assemblée Constituante proclama cette
vérité, qu'une expérience de quatorze années a
démontrée, qu'il n'existe aucune cause qui ne
présente des moyens de défense souvent admis‑
sibles, soit que cette défense consiste en moyens
péremptoires, soit qu'elle ne contienne que des
moyens d'atténuation.

4.º L'Assemblée Constituante, qui par la même
loi avait aboli l'usage de la *sellette* au dernier
interrogatoire, réprouva aussi le style insouciant
des jugemens criminels, qui condamnaient ordi‑
nairement les accusés à des peines arbitraires, avec
cette formule : *pour les cas résultans du procès ;*
formule inconvenante ; formule indigne de la
majesté des lois, de la gravité des Magistrats et
de l'importance de la décision ; formule qui parais‑
sait d'ailleurs délivrer le juge de la difficulté de
préciser des faits qui peut-être ne pouvaient être

caractérisés d'une manière satisfaisante ; formule
au moyen de laquelle il se croyait dispensé de
tenir, dans les mêmes circonstances, une conduite
uniforme et par conséquent équitable.

5.º Un inconvénient plus grave fit une vive
impression sur les membres de cette Assemblée.
Les condamnations émanées des anciens Tribunaux
étaient le simple résultat de la majorité absolue
des opinions. Une inconséquence aussi dangereuse
saisit tous les esprits, et la multitude des condamnations injustes n'étonna plus. Le Législateur
s'empressa d'abolir un usage qui mettait continuellement en danger la vie, la liberté et l'honneur
des Citoyens. Il ne put souffrir que la sentence
ou l'arrêt, qui envoyait à la mort, fût formé
avec la même facilité que la sentence qui
réprime la contravention à un réglement de police. Il dit, et à sa voix, qui retentit au fond des
prisons, l'espoir fut rendu au malheureux que la
crainte avait comprimé. La sécurité naquit dans
son âme ; et le juge, devenu moins terrible, ne
put exercer le pouvoir de condamner, que par
la réunion des deux tiers des voix contre l'accusé.
Les dépositaires du Pouvoir Législatif, envisageant

avec effroi la peine de mort qui était alors
appliquée, ne permirent cette condamnation en
dernier ressort, que dans le cas où elle serait
prononcée par les quatre cinquièmes des Magistrats.

6.° L'Assemblée Constituante ne crut pas avoir
entièrement satisfait à ce que l'humanité demandait.
Elle continua ses recherches ; et reconnaissant
un reste de la barbarie des temps qui l'avaient
précédé, elle s'empressa d'en purger le Code Français. Tel était l'usage de la *question* après la
condamnation. Déjà Louis XVI avait aboli la
question préparatoire, l'Assemblée Constituante ne
crut pas que la première dût subsister plus long-temps.
L'une avait pour but d'obtenir l'aveu de l'accusé,
et l'autre, la révélation des complices. Si l'abolition
de la première ne dut pas éprouver de contradiction,
l'abolition de la dernière, qui peut-être n'obtint
pas un assentiment universel, dut cependant avoir
un succès certain ; car l'une et l'autre pouvaient
faire valoir les mêmes considérations. L'humanité
réclamait contre ce double usage. Si la présomption
d'innocence et l'incertitude sur la culpabilité
démontraient l'absurdité et la barbarie de la *question*,

préparatoire, une autre présomption rejetait aussi celle qui avait lieu après la condamnation, et en démontrait l'injustice. En effet, la *question* donnée après la condamnation était fondée sur la culpabilité de l'accusé, dont le jugement de condamnation faisait la présomption légale, suivant cette maxime: *res judicata pro veritate habetur;* mais ce n'était alors qu'une présomption de droit, qui n'ayant pas la force de la présomption *juris et de jure*, permettait encore de croire à la possibilité de l'innocence du condamné. Or, l'équité ne pouvait autoriser des tourmens qu'envers celui qui eut été condamné sur une certitude métaphysique, c'est-à-dire sur une certitude qui ne permit pas le moindre doute. L'Assemblée Constituante a donc rempli un devoir qui lui était également prescrit, et par le droit naturel et par l'humanité, en effaçant du Code Français la dernière trace d'une institution barbare, dont la définition seule inspire l'effroi, et suffit pour en faire concevoir les procédés cruels. *Quæstionem intelligere debemus,* disent les anciens criminalistes, *tormenta et totius corporis dolorem ad eruendam veritatem;* il eut été plus exact de dire: *ad eruendam confessionem.*

Tels sont les travaux importans qui ont illustré les premières séances de cette Assemblée célèbre, qui n'a rien détruit sans y substituer une institution utile et durable. Ces réformations indispensables, conformes au vœu de tous les Citoyens éclairés, que les écrivains célèbres du dix-huitième siècle avaient préparé, ont rendu à la justice criminelle et à ses ministres le respect que les horreurs de l'ancien système leur avaient fait refuser ; et la douce influence des nouvelles dispositions législatives a permis à l'Assemblée Constituante de mûrir, par de longues méditations, le plan qu'elle avait formé, pour le rendre digne de ses auteurs et de la Nation à laquelle il était destiné.

Deux années s'écoulèrent. L'Assemblée Constituante, qui venait de terminer la Constitution de l'État, était sur le point de remettre à ses successeurs les pouvoirs qu'elle avait exercés. Elle pensa qu'ayant proclamé la *liberté politique* et la *sûreté individuelle*, comme base essentielle de la Constitution Française, elle devait, avant de se séparer, assurer l'une et l'autre par des lois capables de les maintenir. Montesquieu avait remarqué que la *liberté politique* et la *sûreté individuelle* n'étaient

1 *

jamais plus en danger, que dans les accusations publiques ou privées. Le Législateur a donc tiré cette conséquence : « que de la bonté des lois cri- » minelles dépendaient principalement la liberté et » la sûreté du Citoyen. » Cette double vérité reconnue, les Représentans du Peuple Français se sont convaincus « que la connaissance des » règles les plus sûres, que l'on pût observer dans » les jugemens criminels, intéressait le genre » humain plus que toute autre chose. » Se livrer à la recherche de ces règles, leur a paru de la dernière importance; les trouver et les présenter aux Citoyens, leur a semblé un présent inestimable fait au Peuple Français. Tel a été l'esprit qui a guidé les travaux, éclairé les recherches, et animé le zèle du Législateur.

L'Assemblée Constituante avait présente à l'esprit cette opinion judicieuse de Montesquieu : « la » puissance de juger ne doit pas être donnée » à un corps permanent, mais exercée par des » personnes tirées, comme à Athènes, de la » classe des Citoyens, dans certains temps de » l'année, de la manière prescrite par la loi, » pour former un tribunal qui ne dure qu'autant

» que la nécessité le requiert. » Telle est l'institution du Jury dans sa substance ; tel est aussi
l'esprit de la loi du 13 Brumaire an V, qui règle
la formation des Conseils de guerre. Cette Assemblée
avait devant les yeux l'exemple de l'Angleterre,
qui, à l'imitation d'Athènes, créa l'institution du
Jury, en fit la base de son système criminel, et en
retira de grands avantages inconnus aux Nations
voisines. Le Législateur Français pensa que la
Nation, dont il avait emprunté plusieurs institutions
politiques, devait lui servir de modèle dans cette
partie de la Législation, qui se rapprochait de
la nature, et touchait à la perfection ; il admit
en conséquence l'institution du Jury, comme
fondement essentiel de la sûreté individuelle,
dont il avait déjà fait la base de la Constitution
Française. Donner les règles de cette institution,
en déterminer l'application, les approprier aux
mœurs, aux manières et aux usages Français,
furent l'objet des méditations ultérieures du Législateur. Il s'appliqua à simplifier les différentes
parties de ce plan, pour en rendre l'exécution
facile, lui concilier ainsi les suffrages de la
Nation, et lui imprimer de bonne heure le sceau

de l'immortalité. Ses vœux et les nôtres ont été
remplis ; la loi des 16 et 29 Septembre 1791 a
été rendue , et a introduit, avec l'institution du
Jury, un Code nouveau de procédure criminelle,
qui a rendu l'homme justiciable de son semblable.
Ainsi ont été réalisées les espérances des écrivains
célèbres qui depuis long-temps plaidaient la cause
de l'humanité. Examiner cette loi dans ses détails,
développer les divisions du système qu'elle contient,
c'est se convaincre qu'il est préférable à tous
autres ; reproduire les modifications qu'il a éprou-
vées , c'est présenter un tableau digne de fixer
l'attention des Citoyens.

En dépouillant les magistrats d'une partie de
leurs fonctions, pour en revêtir les Citoyens ,
l'Assemblée Constituante ne se dissimula point
qu'elle allait augmenter les devoirs et les obligations
de ceux-ci. Ces devoirs eussent été trop étendus,
et par conséquent mal remplis, si l'Assemblée
Nationale moins expérimentée eut témérairement
confié à des Citoyens médiocrement instruits
l'entier exercice des fonctions de la justice criminelle, qui, simples dans certaines circonstances,
offrent néanmoins des difficultés, et demandent de

la célérité, de l'habitude, de l'adresse et du talent
dans des occasions fréquentes. Exiger la plupart
de ces qualités, de ceux que des opérations com-
merciales ou industrielles occupent sans cesse,
c'eut été une erreur, dont l'Assemblée Constituante était incapable. L'institution du Jury, qu'ils
nous ont donnée, en fait la preuve. Cette Assemblée,
qui savait que les fonctions de la justice criminelle
étaient nécessairement assujetties à des formalités
plus ou moins nombreuses, et que de ces formalités
plus ou moins compliquées dépendait la sûreté de
l'accusé, n'avait pas intention de les diminuer
sans une absolue nécessité. Elle n'ignorait pas
que les lenteurs, qui en sont la suite, ont cet
heureux effet d'arrêter la précipitation, et de
calmer le feu des passions. Conserver ces formalités, en ajouter quelquefois, tel était au contraire
le but qu'elle se proposait.

L'interposition de ces formalités, dans le cours
des opérations de la justice criminelle, établit la
distinction de deux genres de fonctions : 1.º les
formalités ordonnées, dont la réunion forme la
procédure; 2.º l'examen et la décision du fond,
qui en sont la suite et forment le *jugement*. L'As-

semblée Constituante a regardé ces deux genres de fonctions comme étrangers l'un à l'autre, et les a rendus incompatibles. Sans doute elle a pensé que la *forme* serait peut-être négligée par le juge supérieur, s'il avait en même temps la décision du fond ; elle a donc séparé ces deux genres de fonctions, et les a confiés à deux ordres différens. Les fonctions du premier genre exigent de l'habitude, de la célérité, de l'adresse, de la sagacité même ; elles ne conviennent point aux Citoyens, et le Législateur les a réservées aux Magistrats. Les fonctions du dernier genre ne demandent le plus souvent qu'un esprit droit, réfléchi et judicieux ; elles décident irrévocablement du sort de l'accusé ; elles appartiennent à ses Concitoyens, dont un grand nombre peut les exercer dignement. C'est pourquoi le Législateur leur a exclusivement donné ce pouvoir ; c'est ce qui constitue l'essence de l'institution du Jury.

Ce fut une idée bien ingénieuse de séparer ainsi deux objets si différens, dont l'un conservant, par sa matérialité, les difficultés, distinctions, ruses et moyens dilatoires, familiers à la procédure civile, rentrait comme objet de convenance dans

lé domaine du Magistrat habitué à ces sortes
de subterfuges; tandis que l'autre, s'exerçant sur
des faits toujours dépendans de circonstances, et
soumis à la marche simple du raisonnement, n'exige
que les lumières de ces hommes, que le juris-
consulte appellé individuellement *Vir bonus*, dont
le jugement n'a point été perverti par des subtilités
qui en détruisent ordinairement la rectitude.

Cette innovation, qui devait avoir une heureuse
influence sur le plan que l'Assemblée Constituante
s'était proposé, n'était pas la seule qui fut indispensable. La raison avait indiqué qu'il y aurait
eu de l'inconvénance, quelquefois même du danger,
à laisser subsister l'ancien mode de procédure,
qui d'ailleurs était inconciliable avec l'établissement
d'un Jury de jugement. Il importait même à l'entière
sûreté de l'accusé, que celui qui avait procédé à
l'instruction n'eut pas la direction des derniers
actes qui devaient concourir au jugement; car
telle est la marche de l'esprit humain, qu'on est
involontairement disposé à maintenir l'existence
ou l'autorité de ce qu'on a fait, par suite du
pouvoir dont on était revêtu. Or, on ne peut
douter de l'influence que peut exercer, sur les

actes qui précéderont immédiatement la décision;
le Magistrat qui l'a déjà déterminée ou préparée
par les actes de son premier ministère ; il
importait donc de faire disparaître cet inconvénient dangereux d'un système bien ordonné de
procédure criminelle. Ces vices, qui n'étaient pas
inconnus au Législateur, ont été l'objet de ses
réflexions ; et cette fois il a encore surpassé l'attente
des Citoyens. Il n'a pas cru qu'il suffit de distinguer
la poursuite, du jugement, et d'en attribuer la
connaissance respective à deux juges d'un ordre
différent. Il a considéré que la poursuite mettait
nécessairement en activité deux ministères : 1.º
celui de la police qui atteint l'individu; 2.º celui
de la justice qui le recevant des mains de la
première procède contre lui, pour le remettre
ensuite au Juge criminel et à l'action du Jury
de jugement. En conséquence, l'Assemblée Constituante a distingué la prévention, l'accusation et
le jugement; et c'est sur ces bases qu'elle a formé
la loi du mois de Septembre 1791, qu'elle avait
destinée à diriger l'exercice des fonctions de la
justice criminelle.

Un soupçon hazardé, une présomption vague,
une

une conjecture insignifiante, un léger indice, le bruit public, une rumeur momentanée, telle est ordinairement la cause ou l'origine de la prévention qui s'élève contre les personnes ; par conséquent le ministère de celui qui est chargé de poursuivre le Citoyen à qui cette prévention s'attache, est nécessairement un ministère arbitraire ; il importe donc à la sûreté du prévenu, que celui qui remplit cette fonction délicate soit un Magistrat indépendant de l'influence du Pouvoir exécutif. Telle a été l'opinion du Législateur qui a pourvu à la sûreté des Citoyens, en confiant cette fonction importante au ministère paternel des Juges de paix. L'Assemblée Constituante a pensé que donner le droit exclusif d'arrestation à ces Magistrats inférieurs, dont le ressort était alors très-borné, c'était atténuer l'effet et le danger de l'exercice de ce pouvoir, dont l'occasion se représenterait rarement, et ne s'exercerait que sur un très-petit nombre de personnes. Ainsi, le Ministre de la Justice est devenu l'égal du prévenu, et celui-ci a redouté l'empire de la loi, sans craindre la personne du Magistrat.

Le Législateur, en attribuant à cet Officier les

premiers actes de la procédure, ne s'est pas néanmoins dissimulé qu'on ne pouvait attendre de la
plupart des Juges de paix, les connaissances et
l'application requises dans la poursuite et l'instruction de plusieurs crimes, dont les détails difficiles
à saisir offrent d'ailleurs des idées complexes.
En conséquence, il a jugé convenable de distraire
cette partie, de leurs attributions, et de la donner
à un Magistrat supérieur, que ses lumières et son
expérience rendaient propre à cette fonction. Telle
est la disposition de la loi citée, qui renvoye au
Magistrat civil, dont on parlera bientôt, la poursuite et l'instruction des crimes de faux, concussion, péculat, malversation, etc. L'Assemblée
Constituante, qui avait séparé la prévention de
l'accusation, comme point essentiel du système
qu'elle avait créé, ne voulut pas abandonner cette
séparation de fonctions et de pouvoirs sans une
nécessité évidente. C'est pourquoi elle conserva
la poursuite et l'instruction des crimes ci-dessus
désignés, aux Juges de paix des villes populeuses,
en qui le domicile et le choix public supposaient
l'aptitude nécessaire à ce genre d'opération.

L'instruction préliminaire étant terminée par

l'arrestation du prévenu et le dépôt de sa personne dans la maison d'arrêt, l'Officier de police
n'a plus de fonctions à exercer. « La loi toujours
» prévoyante, en donnant au ministère actif de
» la police le droit d'arrêter un homme prévenu
» d'un délit, a borné ce pouvoir au seul fait de
» l'arrestation. » Mais elle n'a point voulu que
le prévenu, sortant des mains de l'Officier de police,
fût directement traduit au Tribunal qui devait prononcer sur son sort. Elle a évité la précipitation,
en ordonnant de faire subir au prévenu une
épreuve intermédiaire au Tribunal civil. C'est-là
que commence le ministère des Jurés que le Législateur a divisés en deux classes ; savoir : les Jurés
d'accusation et les Jurés de jugement; ceux-ci destinés
à coopérer à la formation du Tribunal criminel,
et à déterminer son jugement; les premiers chargés
d'examiner le mérite des inculpations qui s'élèvent
contre le prévenu. Les uns et les autres sont
dirigés par un Magistrat : les Jurés de jugement
par le Président du Tribunal devant lequel ils
comparaissent; les Jurés d'accusation, par un
Membre du Tribunal civil, que la loi désigne sous
le titre de Directeur du Jury. C'est alors que

l'Assemblée Constituante a continuellement séparé
ce qui tient aux formalités, de ce qui touche à
la décision du fond, en distinguant l'instruction
qu'elle a confiée au Magistrat, de l'examen qu'elle
a exclusivement réservé aux Jurés.

Jusqu'à cette époque de la procédure, le Législateur avait remis au Magistrat le pouvoir arbitraire d'apprécier la justification du prévenu amené
devant lui, et l'avait rendu l'arbitre de la liberté
ou de l'arrestation de cet individu. Mais ce pouvoir
se trouvait tempéré entre les mains d'un Officier
de paix, qui était élu par ses Concitoyens, et
dont les fonctions étaient limitées à deux années.
Lorsqu'il s'est agi de légitimer l'arrestation provisoire du prévenu, et de la rendre définitive, pour
lui faire subir l'appareil imposant d'une procédure
criminelle, l'Assemblée Constituante a craint de
s'en rapporter au Magistrat civil dont les fonctions
durables et répétées pouvaient entraîner de la
négligence ou de l'insouciance; en conséquence
elle a confié l'examen des charges portées contre
le prévenu, aux Jurés ses Concitoyens. Mais
ceux-ci auraient eu à remplir une tâche trop difficile, et auraient d'ailleurs manqué le but de leur

institution, si l'objet de leur délibération n'eut
pas été déterminé, et le point de la discussion
fixé avec précision. Il importait donc de réunir,
sous un même coup-d'œil, les faits reprochés au
prévenu, et les circonstances de ces faits, qui se
trouvaient disséminés dans les déclarations reçues,
et que des esprits peu exercés n'auraient pu ramener
au point de précision désiré, ni concevoir uniformément. Remédier à ces inconvéniens, ou
plutôt les éviter en les prévenant, tel a été le
motif qui a dicté l'ordre de rédiger un acte d'accusation qui fut la pièce essentielle de la procédure,
et en devint la base indispensable. Cet acte d'accusation est un exposé exact et précis des faits, qui
les qualifie, indique les jour, lieu et heure où ils
se sont passés, et désigne clairement l'auteur
présumé du délit ainsi qualifié. La rédaction de
cet acte a été confiée au ministère du Directeur
du Jury, dont la personne varie tous les six mois.
Le Législateur s'est borné à lui donner cette attribution qui convenait à un Magistrat. Il a pensé
qu'il eut été imprudent de le rendre Juge du
mérite de cette accusation, et il a craint qu'en
cumulant dans sa personne deux pouvoirs essen-

tiellement distincts, ce Juge ne devînt plus redoutable que la loi. C'est pourquoi l'Assemblée Constituante lui a interdit de connaître, en aucune
manière, du fond de l'affaire ; sa mission
consiste uniquement à considérer si le crime
emporte peine afflictive ou infamante, et il ne
peut, en aucun cas, se déterminer par l'influence
de la force, de la nature ou de la faiblesse des
preuves.

L'acte d'accusation rédigé, le ministère des
Jurés devient nécessaire. Alors commence l'exécution de la plus belle partie du système. Le sort
désigne ceux qui doivent former le tableau du
Jury; ainsi : « Ce ne sont point des fonctionnaires
» exerçant la profession particulière de juger les
» procès criminels ; ils ne sont point connus
» d'avance de ceux qui vont être ou seront éven-
» tuellement soumis à leur décision. Aucun carac-
» tère public, aucune marque extérieure ne les
» désignent au Peuple comme devant être ses
» Juges dans telle circonstance...... Leur mission
» finie, ils se confondent dans la société, et ne
» conservent aucun signe de cette juridiction du
» moment. » Cependant l'Assemblée Constituante

» ne voulut pas confier à tous les Citoyens indis-
» tinctement l'importante fonction de décider de
» l'honneur ou de la vie de leurs semblables; c'est
» pourquoi elle circonscrivit le choix des Jurés
» dans la classe des Citoyens capables d'être
» Électeurs. » Puis elle confia le soin de former
les listes de chaque trimestre, aux Administrations
de District et de Département. Par les mêmes
considérations, le Législateur soumit à l'examen de
Jurés spéciaux d'accusation et de jugement, les
crimes de faux, concussion, péculat, malversation, etc., qui exigeaient des connaissances plus
étendues; et la formation des listes, sur lesquelles
on devait tirer au sort ces Jurés, fut attribuée
au Procureur-général-syndic du Département, et
au Procureur-syndic de chaque District.

Les Jurés désignés par le sort sont convoqués;
ils se réunissent. Ils examinent les procès-verbaux,
l'acte d'accusation, et par opposition au système
ancien, rejetté par le Législateur, les témoins
comparaissent en personne devant les Jurés qui
les entendent, et jugent individuellement de la
substance de leurs déclarations et de l'impression
qu'elles font sur leur raison. Le Directeur reproduit

aux Jurés d'accusation l'objet de leur mission, et les devoirs qu'ils ont à remplir. Leur délibération commence; alors le prévenu est sur le point de recouvrer sa liberté, « s'il ne l'a perdue que par l'effet d'une » erreur ou de soupçons mal fondés, ou si son » arrestation a été le fruit de l'intrigue, de la » violence, ou d'un abus d'autorité. » Car il s'agit alors d'examiner si des preuves suffisantes appuyent l'accusation. De simples préventions ne permettent plus de prolonger la détention de l'accusé; *de fortes présomptions, un commencement de preuves déterminantes* sont nécessaires pour faire admettre l'accusation. Ces fonctions du Jury sont entièrement opposées à celles du Magistrat chargé de le diriger. Celui-ci ne doit point s'arrêter au défaut de preuves, pour se dispenser de rédiger un acte d'accusation. Les Jurés de leur côté ne doivent point se déterminer à prononcer qu'il n'y a pas lieu à accusation, parce que le délit qui leur est déféré n'emporte pas peine afflictive ni infamante. Le Législateur a voulu ainsi arrêter l'usurpation réciproque d'un pouvoir sur l'autre. Néanmoins l'Assemblée Constituante, craignant l'excès du zèle du Directeur du Jury, a permis aux Jurés d'accusation de censurer quelquefois l'acte du premier. Ainsi, lorsque le Jury s'apperçoit que l'accusation présentée n'est point le résultat exact des déclarations orales qu'il a entendues, et des renseignemens écrits qui lui sont fournis, il peut et doit rejetter pour ce motif l'acte d'accusation, soit que le délit y ait été mal qualifié, soit qu'il y soit présenté sous des couleurs odieuses et avec des circonstances aggravantes que rien ne justifie. Mais, quelques soient les motifs des Jurés, *motifs dont la loi ne leur demande pas compte*, la décision par laquelle ils déclarent qu'il n'y a pas lieu à accusation, rend à l'instant la liberté au prévenu. Mais cet examen, qui n'a pas été la suite d'une discussion solemnelle et approfondie, ne forme pas une décision irrévocable, et ne justifie pas pleinement le prévenu. C'est pourquoi, s'il s'élève de nouvelles charges, un nouvel acte d'accusation peut être dirigé contre lui, et reproduire les mêmes inculpations. La décision affirmative ajoute à la prévention qui existait déjà, et donne au prévenu le nom d'accusé. C'est alors qu'il est renvoyé au Tribunal criminel.

L'accusé, traduit devant ce Tribunal pour y être

2 *

jugé, ne retrouve dans cette enceinte aucuns des
individus qui ont influé sur la procédure instruite
contre lui. L'Assemblée Constituante, soigneuse
de garantir à tout Citoyen sa vie et sa liberté,
n'a pas même voulu que le sort fit reparaître, dans
le Jury de jugement, un seul de ceux qui avaient
concouru à la formation du Jury d'accusation.
L'opinion infiniment avantageuse qu'elle avait des
Jurés, et les heureux résultats qu'elle espérait avec
raison de cette institution, n'ont pu balancer
dans son esprit les craintes fondées, que faisait
concevoir l'idée d'un Citoyen venant au milieu
du Jury de jugement, maintenir de tout son
pouvoir l'acte d'accusation à l'admission duquel
il avait coopéré. Depuis qu'une accusation positive,
énonçant des faits graves, s'est appésantie sur la
tête de l'accusé, le Législateur a pris sa défense.
Ses soins ont redoublé, lorsqu'il a vu approcher
le moment où on allait irrévocablement prononcer
sur son sort. Il n'a point voulu que les Juges de
ce Tribunal fussent habitués au jugement des procès
criminels, et pour éviter leur endurcissement, qui
serait la suite de cette habitude, il a ordonné que
leurs fonctions fussent momentanément remplies

par les Juges civils des différens Tribunaux du
Département, qui viendraient alternativement siéger au Tribunal criminel. L'assemblée Constituante
a redouté en outre les préventions personnelles
et les impressions locales, qui pouvaient déterminer une décision contraire à l'accusé. Elle a
remarqué que ces dangers toujours plus grands
dans les villes médiocres, où les passions sont
d'autant plus actives qu'elles sont plus concentrées,
s'effaçaient néanmoins à une certaine distance du
lieu du délit, et dans les cités populeuses. En
conséquence, elle a permis quelquefois à l'accusé
de décliner le Tribunal devant lequel on devait
le renvoyer, et de choisir l'un des deux Tribunaux
voisins, pour y être jugé. Ainsi, elle a pris tous
les moyens capables de le rassurer contre toute
espèce d'influence défavorable. De semblables considérations ont porté le Législateur à donner au
prévenu la faculté de récuser un grand nombre
de ceux que le sort a désignés pour être ses Juges.
Il lui a semblé que les précautions qu'il avait déjà
prises n'atteindraient pas le but qu'il s'était proposé, s'il existait encore dans l'esprit de l'accusé
des défiances ou des préventions contre ses Juges,

qu'il ne pût faire cesser par une récusation péremptoire.

. Toutes ces attentions étant épuisées, le Juge
criminel est autorisé à commencer l'examen. Alors
le ministère du Jury de jugement commence. Il
ne suffit plus d'examiner si l'accusation est fondée,
mais si l'accusé est convaincu d'avoir méchamment
commis l'action qu'on lui impute. Ces fonctions
sont de la dernière importance; c'est pourquoi le
Magistrat, au nom de la loi, prescrit aux Jurés
la prestation d'un serment solemnel, dont les
termes imposans appellent une attention scrupuleuse et un entier recueillement. L'accusé com-
paraît, mais toujours accompagné d'un Conseil
pour le défendre; car la loi fait un devoir exprès
au Magistrat de désigner un Défenseur à l'accusé,
s'il n'a pu en choisir un. L'accusé paraît donc
sans crainte; il se trouve au milieu des Citoyens,
dont quelques-uns, désignés par le sort, sont
réunis aux Magistrats, et vont le juger, de son
consentement. L'examen qui se fait alors ne res-
semble aucunement à la méthode employée par
les anciens Magistrats. Il diffère entièrement de
celle que l'Assemblée Constituante modifia au mois

d'Octobre 1789. Elle n'a pas permis que le Jury décidât sur des déclarations écrites qu'il n'avait pas entendu prononcer, et dont il ne pouvait apprécier le mérite avec certitude. Elle a donc ordonné que les témoins lui fussent présentés, afin qu'il pût entendre les propres expressions de chacun, saisir le ton de ses paroles et le geste de ses membres; car tous ces détails font impression sur la raison des Jurés; ils influent sur leur opinion. Si donc leurs sens extérieurs ne sont pas témoins du débat qui s'élève alors entre l'accusé et ceux qui parlent contre lui, comment pourront-ils juger de la valeur de ces témoignages qui, n'étant qu'imparfaitement consignés par écrit, ne pourront jamais atteindre le but qu'on se propose? Le Législateur a prévu d'ailleurs que les observations respectives et les interpellations faites, soit aux témoins, par l'accusé ou son Conseil, soit aux uns et aux autres, par les Magistrats et les Jurés, étendraient la discussion et lui donneraient une direction différente de celle qui naîtrait des déclarations écrites. Mais un pareil débat, quelquefois prolongé pendant long-temps, pouvait laisser beaucoup d'incertitude et d'obscurités dans l'esprit

des Jurés ; on devait craindre qu'il en résultât
de la confusion. L'Assemblée Constituante, toujours
attentive à prévenir les difficultés, ordonna au
premier Magistrat de résumer la discussion, en
réduisant la cause à ses points les plus simples ;
de reproduire aux Jurés les principales charges
qui s'élevaient contre l'accusé, en retraçant aussi
les principaux moyens de sa défense. « Ce résumé
» fut destiné à éclairer le Jury, à fixer son atten-
» tion, et à guider son jugement. » Elle ne voulut
pas qu'il s'élevât entre les Jurés des difficultés
sur le nombre des questions et sur la manière
de les poser. Elle ne crut pas d'ailleurs qu'il fût
convenable d'en abandonner la position à ceux
qui devaient les résoudre. C'est pourquoi elle
confia ce pouvoir aux Membres du Tribunal criminel, qui, plus exercés à ce genre de fonctions,
pouvaient seuls en user d'une manière satisfaisante. Cependant elle ne donna pas à ce Tribunal
un pouvoir sans bornes ; elle lui traça la règle de
sa conduite, en ordonnant de poser une première
question relative à l'existence du délit ; car envain
chercherait-on un coupable, s'il n'existait pas de
délit. Elle voulut qu'on posât ensuite une question

relative à la culpabilité de l'accusé. « L'Assemblée
» Constituante porta plus loin la prévoyance ;
» comme c'est l'intention qui fait le crime, elle
» voulut que les Jurés, quoique certains du fait
» matériel, et connaissant son auteur, pussent
» scruter les motifs, les circonstances et la moralité
» du fait ; parce que la nature de l'accusation a
» pu changer par la défense de l'accusé. » C'est
pourquoi elle a ordonné de proposer plusieurs
questions sur l'intention de l'accusé, la gravité
du délit et les circonstances qui l'ont accompagné.

Les questions étant ainsi posées, les Jurés se
retirent pour en délibérer. Le moment approche
où le sort de l'accusé, remis en leurs mains, va
être décidé sans appel. Quelle règle vont-ils suivre
dans l'examen des charges portées contre lui ?
quelle sera la base de leur décision ? nul système
uniforme, nul procédé méthodique ne leur sont
présentés. La loi se repose sur leur honneur, et
s'en rapporte à leur conviction personnelle. Pour
la former, elle leur indique trois moyens qui
renferment tous les principes de leur institution.
Ces moyens sont énoncés dans ces belles paroles
qu'elle leur adresse : « votre conscience, voilà votre

» guide; la justice, votre règle; l'impartialité, votre
» devoir ».

La délibération terminée, le Jury donne sa
décision. Le mode à suivre dans cette circonstance
n'a pas paru indifférent à l'Assemblée Constituante.
Elle a voulu garantir chacun des Jurés de l'influence, même involontaire, que l'un pouvait avoir
sur l'autre. En conséquence, elle a statué que les
déclarations individuelles des Jurés seraient données
par chacun d'eux, en l'absence des autres. De
cette manière, elle leur a conservé la liberté d'opinion, et leur décision personnelle est devenue un
secret impénétrable.

Si les intérêts de l'accusé et ceux de la société
semblaient exiger de telles précautions dans la
réception des déclarations individuelles, la manière de les constater et d'en calculer le
résultat, pour former la déclaration générale du
Jury de jugement, ne provoquait pas moins la
sollicitude du Législateur. Il importait à la sûreté
de l'accusé, que la solution de chaque question fût
déterminée avec circonspection. La prudence indiquait qu'il fallait la faire dépendre d'un nombre
imposant de suffrages, pour que la vie ou la
liberté

liberté de l'accusé ne fussent pas en danger.
L'Assemblée Constituante, convaincue de la solidité
de ces raisonnemens, avait déjà prononcé, au
mois d'Octobre 1789, que les condamnations à
peine afflictive ou infamante ne pourraient être
rendues qu'aux deux tiers des voix ; mais que la
peine de mort ne serait infligée, par jugement
en dernier ressort, qu'aux quatre cinquièmes des
voix. Elle pensa depuis que la liberté et l'honneur
n'étaient pas moins chers au Citoyen que son
existence, et elle crut devoir établir une mesure
uniforme. Les réflexions qui précèdent l'ont portée
à décider que la solution de chaque question serait
formée, en faveur de l'accusé, par le concours de
trois suffrages. Elle a considéré que le Jury pro-
nonçait en dernier ressort ; que les trois suffrages
favorables à l'accusé seraient sans contredit l'opinion des Jurés les plus circonspects, et que ceux-ci
seraient ou les plus instruits ou les plus dignes
de leurs fonctions. Il a donc paru équitable que
ces Citoyens instruits et prudens fissent pencher
la balance en faveur de l'accusé, dans une
accusation grave qui offrait des doutes sur
sa culpabilité, puisqu'un avis presqu'unanime

3

devenait impossible. Ainsi, le Législateur a em-
pêché le retour de ces condamnations injustes, qui
avaient été autrefois le simple résultat de la
majorité absolue.

L'accusé condamné en dernier ressort est encore
sous la protection de la loi. Un remède lui est
offert; si le jugement rendu contre lui est l'effet
d'une prévention injuste, qui ait aveuglé les Magistrats, il peut provoquer l'examen de la procédure instruite contre lui, et en demander la
cassation, si le Juge a omis, violé ou négligé
des formalités essentielles dans l'instruction du
procès, ou s'il s'est trompé dans l'application de
la loi. Dans ce cas, une nouvelle carrière est
ouverte à l'accusé. Son jugement est anéanti; et
il se fait une procédure et un examen nouveaux.
Tel est le but, et tels sont les résultats de la
création du Tribunal de cassation, qui chargé par
la loi de l'inspection des procédures et jugemens
civils et criminels, « est institué pour ramener
» perpétuellement à l'exécution de la loi, toutes
» les parties de l'ordre judiciaire, qui tendraient
» à s'en écarter.

Tel est le tableau fidèle de cette heureuse ins-

C.

titution, monument immortel de la sagesse et des lumières de l'Assemblée Constituante, qu'elle avait destinée à rassurer les Français contre la terreur qu'inspirait le pouvoir judiciaire, en faisant cesser l'empire du Juge, l'oppression de la loi et l'erreur des Tribunaux.

Des dispositions aussi sagement combinées demandaient un Code pénal approprié à une aussi belle institution, c'est-à-dire, un Code qui fixant la décision jusqu'alors arbitraire des Magistrats, présentât la série des crimes et leur définition avec clarté, méthode et précision, et y appliquât des peines nécessaires, sans doute, mais humaines et sur-tout proportionnées. Telle avait été la pensée de l'Assemblée Constituante, lorsqu'en donnant au Peuple Français une Constitution, elle s'engagea à n'établir *que des peines strictement et évidemment nécessaires.* Elle savait que le châtiment n'a qu'un double but : « le premier d'empêcher le coupable » de nuire encore à la société ; le second de » détourner ses semblables, de l'idée de tenter de » nouveaux crimes. » Elle reconnut que les supplices usités jusqu'alors n'avaient point corrigé les hommes, ni prévenu les crimes qui n'avaient pas été moins fréquens. C'est pourquoi, adoptant l'opinion de Beccaria, elle jugea que « parmi les » peines et la manière de les infliger, il fallait » choisir celles qui, proportions gardées, devaient » faire l'impression la plus efficace sur l'esprit » des hommes, et la moins cruelle sur le criminel. » Montesquieu avait tracé la marche à suivre dans cette circonstance, en distinguant les délits des crimes : recommandant de n'infliger que des peines correctionnelles aux premiers qui résultent d'actions répréhensibles, à la vérité, mais qui n'attentent pas à la sûreté publique, et ne contreviennent le plus souvent qu'à la police et au bon ordre ; et de reserver les peines afflictives et infamantes aux crimes qui fondés sur des actions quelquefois violentes mais toujours graves, attentent directement à la sûreté publique ou particulière. L'Assemblée Constituante avait déjà établi cette distinction, par une loi des 19 - 22 Juillet 1791, qui, créant un Tribunal chargé de réprimer les délits qui ne méritent que des peines correctionnelles, contient l'énumération de ces délits, et les divise en cinq classes qui sont : 1.º les délits contre les bonnes mœurs ; 2.º ceux qui entravent l'exercice d'un

culte religieux; 3.º ceux qui troublent la tranquillité
publique; 4.º ceux qui portent une légère atteinte
à la sûreté des particuliers; 5.º ceux qui portent
atteinte à la propriété. Cette Assemblée s'occupa
de compléter son travail, et le 25 Septembre
1791, elle rendit le décret général sur les crimes
et les peines, que nous appellons Code pénal, qui
est un modèle de clarté, méthode et précision.

Ce Code est divisé en deux parties, dont la
première contient l'énumération des peines, leurs
effets, le mode de les infliger, et leur modifi-
cation. On y lit cette décision importante : « la
» peine de mort consistera dans la simple priva-
» tion de la vie, sans qu'il puisse jamais être
» exercé aucune torture envers les condamnés. ».
L'Assemblée Constituante concilia ainsi ce qu'elle
devait à l'humanité et à l'exemple public, en ins-
pirant de l'effroi à la multitude, par l'idée et
la vue de la destruction de son semblable, et en
séquestrant de la société, d'une manière prompte
et irrévocable, celui que par la nature de son
forfait elle jugea incorrigible, ou trop nuisible à
ses Concitoyens.

Dans la série des peines ne se trouve point

celle de la *marque*, que l'Assemblée Constituante crut devoir abolir par son décret du 29 Septembre 1791. Elle pensa avec raison qu'il y avait de l'injustice à infliger une peine dont les traces étaient permanentes, à celui qui, étant coupable d'un premier crime, devait rentrer dans le sein de la société, lorsque son crime aurait été effacé par l'expiration de sa peine, et faisait d'ailleurs espérer une conduite paisible et honnête. Elle avait remarqué en outre que les crimes n'attentaient pas tous à la morale ; que plusieurs nuisaient seulement à la société, et n'étaient souvent qu'une désobéissance à la loi positive. Il eut donc été cruel de prononcer une peine infamante et durable, contre des crimes graves, à la vérité, mais qui supposaient dans leur auteur un esprit grossier ou turbulent, ou des écarts dans la conduite ou l'opinion, et non de la perversité. A l'égard de ceux qui, après avoir subi une première peine, recommencent leurs excès, le Législateur les a réputés incorrigibles, et il a cru devoir les soustraire pour jamais à la société. La peine de la *marque* lui a donc paru sans objet, à l'égard de ceux-ci ; et il a conclu que dans tous les cas, elle devenait

inutile ; c'est pourquoi il en a prononcé l'abolition.

L'article XXVIII du titre I.er inflige une peine
infamante à ceux contre lesquels la mort n'est
pas prononcée ; et pour rendre cette infamie
salutaire, pour qu'elle rappelle à la mémoire des
Citoyens le crime qui l'occasionne ; le coupable
doit subir cette peine dans un lieu rapproché
de celui où le crime a été commis. Le Législateur
jaloux de corriger le coupable, en le faisant rentrer
en lui-même, ordonne qu'il soit livré à des travaux
utiles à l'État ; afin qu'il reprenne l'habitude, et
s'il est possible, l'amour du travail, qu'il avait
perdus, sans lesquels il redeviendrait infaillible-
ment coupable d'autres crimes. Ainsi a été adoptée
cette pensée de J. J. Rousseau : *il n'y a peut-être*
pas de coupable qu'on ne puisse utiliser. L'Assemblée Constituante porta plus loin la prévoyance.
Elle craignit que le condamné, sans ressources,
devenu libre à l'expiration de sa peine, n'errât
misérablement, et que cédant à la nécessité, il
ne commit de nouveaux crimes. Pour lui en épargner
l'occasion, elle ordonna que son travail lui fut
payé ; qu'une partie fut gardée soigneusement, et

que ces épargnes cumulées ne lui fussent remises qu'au moment de sa sortie, afin qu'il pût avec ce secours, exercer utilement son industrie, et vivant dans l'aisance, tenir désormais une bonne conduite. Tels sont les motifs louables, qui ont dirigé l'esprit du Législateur, dans la rédaction de cette partie du Code pénal.

La deuxième partie contient l'énumération des crimes, leur définition et l'application des peines spécifiées dans la première partie. Elle est divisée en trois titres : le premier concernant les crimes contre la chose publique ; le deuxième contenant les crimes contre les particuliers ; et le troisième qui définit la complicité.

Le titre I.er comprend six sections : la première contient la répression des crimes qui compromettent la sûreté extérieure de l'État, et notamment du port d'armes de la part d'un Français contre sa Patrie. La deuxième section définit les crimes contre la sûreté intérieure de l'État. La troisième punit les crimes contre la Constitution de l'État ; ce qui comprend les attentats contre la liberté individuelle des Citoyens. La quatrième section réprime les crimes des particuliers, envers les organes de la loi et ceux qui sont chargés de la faire exécuter, et notamment les violences tendant à délivrer les personnes légalement détenues. La cinquième détermine la peine des crimes commis par les Fonctionnaires publics, dans l'exercice des pouvoirs qui leur sont confiés ; ce qui renferme les crimes de péculat et concussion, etc. La sixième section contient l'énumération des crimes contre la propriété publique; tels que la contréfaction du papier-monnaie, de la monnaie métallique, du sceau de l'État, du timbre national, et des autres marques apposées au nom du Gouvernement, et la destruction violente ou l'incendie des édifices, vaisseaux, magasins, arsenaux, etc., appartenant à l'État.

Le titre II, relatif aux crimes contre les particuliers, renferme deux sections. La première contient la répression des crimes et attentats contre les personnes, qui se réduisent à six : l'homicide, l'avortement, les blessures graves, le viol, la suppression d'état civil et la bigamie.

1.º Le mot homicide est un terme générique qui exprime « un f it susceptible d'une infinité » de modifications; en sorte que le même fait

3 *

» matériel peut recevoir des circonstances qui
» l'accompagnent, toutes les nuances que l'on peut
» concevoir entre un crime atroce, et un acte
» légitime. » Aussi l'Assemblée Constituante s'est-
elle appliquée, avec un sorte de préférence, à bien
établir toutes les distinctions que l'homicide pouvait offrir ; et cette partie du Code est une de
celles où brille éminemment sa sagesse. Elle considère d'abord l'homicide involontaire, et distingue
s'il est la suite d'une imprudence ou d'une négligence. Dans le premier cas, elle déclare l'homicide
innocent ; dans le second, elle ne le regarde point
comme criminel, mais elle permet d'y appliquer
des peines correctionnelles. Elle distingue ensuite
l'homicide légal , et l'homicide légitime ; elle
définit le premier, un acte ordonné par la loi ;
et le second, un acte commandé par la nécessité
de se défendre ; l'un et l'autre sont déclarés innocens. L'Assemblée Constituante passe ensuite à la
série des homicides criminels ; ce sont les homicides volontaires. Elle en distingue plusieurs. Si
l'homicide est l'effet d'une provocation violente,
et par conséquent la suite d'un mouvement im-
pétueux occasionné ; elle le déclare *excusable* ; et

en diminue la peine. S'il a été volontairement commis, de sang-froid, ou sans provocation violente, il est qualifié *meurtre*, et soumis à une peine rigoureuse. Mais s'il a été conçu, médité, préparé et exécuté, à dessein d'exercer une vengeance antérieure; c'est le cas de la préméditation; il est qualifié *assassinat* et puni de mort. Le parricide est puni de la même peine, sans qu'il soit nécessaire d'examiner s'il y a eu préméditation. Le Législateur le définit: « l'homicide commis volon-
» tairement, dans la personne du père ou de la
» mère naturels ou légitimes, ou de tout autre
» ascendant légitime du coupable. » Lorsque le *meurtre* est accompagné de vol ou autre crime, le Législateur ne requiert point que l'homicide ait été prémédité; il est puni de mort par la seule réunion d'un autre crime à l'homicide. L'empoisonnement n'est considéré que comme un homicide modifié dans ses moyens et son exécution. Néanmoins comme il porte avec lui le caractère indubitable de la préméditation, et qu'on prendrait, pour s'en garantir, des précautions impuissantes, parce qu'il se commet secrètement et avec perfidie, l'Assemblée Constituante s'est bornée à demander

qu'il eut été commis volontairement, pour être
puni de mort. Elle a infligé la même peine au
commencement d'exécution ; mais elle y a mis
cette sage restriction, que l'accusé serait acquitté,
s'il empêchait l'exécution du crime qu'il avait
préparé, avant qu'il eut été effectué ou découvert.

2.º L'avortement était puni de mort par les lois
antérieures. Les criminalistes en donnent la raison
en ces termes : *propter istam nefariam homicidii*
festinationem, quam assassiniam vocant ; mais il
paraît que cette décision était fondée sur le droit
canon ; on en peut juger par ce qui suit : *non enim*
refert utrùm quis natam eripiat animam, aut
nascentem disturbet. L'Assemblée Constituante ne
s'est point arrêtée à ces autorités. Elle a judicieu-
sement observé que, si elle infligeait la peine
capitale à ce crime, sa rigueur aurait l'effet
d'autoriser ou de provoquer indirectement l'infanticide , lorsqu'on se serait abstenu de commettre
l'avortement. C'est pourquoi elle a cru qu'il était
politique, en punissant rigoureusement ce crime,
de n'y pas appliquer la peine de mort.

3.º A l'égard des blessures graves, le Législateur
a reproduit les distinctions relatives à l'homicide,

Il a déclaré innocentes celles qui étaient involòn-
taires, légales ou légitimes. Il a puni celles qui
étaient commises volontairement ; mais de diverses
manières, en considérant le plus ou le moins
de gravité de ces blessures, et leur résultat. Il
a appliqué une peine rigoureuse à la mutila-
tion commise dans la personne du père ou de
la mère naturels ou légitimes, ou de tout autre
ascendant légitime du coupable. Il a regardé
comme une tentative d'assassinat, les violences
et blessures commises de guet-à-pens et avec préméditation, et il a prononcé contre elles la peine
capitale.

4.° Les lois anciennes punissaient de mort le
viol. L'Assemblée Constituante n'a pas adopté cette
excessive sévérité contre un crime qui, n'étant
qu'une atteinte grave aux bonnes mœurs, semblait
devoir entrer dans la première classe des délits
énoncés au Code de la police correctionnelle.
Néanmoins elle a remarqué qu'il consistait dans
une action et une contrainte envers les personnes ;
qu'il attentait par conséquent à leur sûreté, et
devait trouver place dans le Code criminel. Mais
adoptant cette opinion de Montesquieu : « un

» Citoyen ne mérite la mort que lorsqu'il a violé
» la sûreté, au point qu'il a ôté la vie, ou en-
» trepris de l'ôter, » elle pensa avec lui que
l'infamie publique, jointe à une peine afflictive,
suffirait pour réprimer ce crime qui est le résultat
du déréglement d'une imagination échauffée, et par
conséquent est moins fondé sur la méchanceté,
que sur l'oubli accidentel de soi-même.

A ce crime se rapporte le *rapt* que le Législateur n'a point distingué comme autrefois, en
rapt de violence, et *rapt* de séduction ; mais qu'il
a rangé indistinctement dans la classe des délits
contraires aux bonnes mœurs, soumis à la juridiction correctionnelle. Il s'est reposé, dans le
cas de la violence, sur la volonté des personnes
ravies, pour faire échouer le projet du coupable.
C'est pourquoi il n'a prononcé de peines afflictives
et infamantes, contre le *rapt* de violence, que
dans le cas où il serait commis envers une personne notoirement impubère, par conséquent incapable de volonté ; ce qui suppose une intention
immorale de la part du coupable.

5.° La suppression d'état civil, dont il s'agit
ici, est celle qui consiste à détruire matériellement

un corps d'écriture formant la preuve légale et exclusive de l'état civil des personnes. Cette définition résulte des termes de la loi pénale. Quelques Tribunaux ayant conçu des doutes sur l'interprétation de cet article auquel ils donnaient une extension démesurée, le Tribunal de cassation donna, le 28 Germinal an V, l'explication qui précède, à l'occasion d'un jugement du Tribunal criminel de la Meurthe, dont il prononça la nullité. Les suppressions d'état civil, qui ont lieu par supposition de part, de nom ou de personnes, ou par d'autres voies légales en apparence, sont des espèces et des modifications du crime de faux, dont il n'est point ici question.

6.° La bigamie rompt un engagement civil. La peine prononcée par le Législateur, doit paraître d'autant plus rigoureuse, que c'est l'ordre politique, plutôt que la conservation des mœurs, qui détermine la punition de ce crime.

La deuxième section du titre II, réprime les crimes contre la propriété. Ils se réduisent à trois genres : le vol, la destruction des propriétés et le faux.

1.° Le vol, considéré dans ses circonstances, se

divise en une multitude d'espèces qui sont : le vol à force ouverte et par violence envers les personnes; le vol avec effraction; le vol à l'aide de fausses clefs; le vol avec escalade ; le vol domestique; le vol dans les auberges, édifices publics et maisons particulières; le vol par les voituriers et voyageurs ; le vol dans les terrains clos et fermés; le vol d'objets exposés sur la foi publique ; le détournement d'objets confiés, et la banqueroute frauduleuse.

2.º La destruction des propriétés contient plusieurs espèces: l'incendie, l'action d'une mine, la menace d'incendie, la rupture des digues, l'empoisonnement des bestiaux, la destruction d'actes obligatoires, et le pillage d'objets mobiliers.

3.º Le faux comprend l'extorsion d'une signature obligatoire, le faux matériel; la vente à faux poids, et le faux témoignage.

Dans la première distinction, la peine de mort n'est appliquée à aucun crime; en cela le Législateur a tenu une conduite opposée à celle des auteurs des anciennes ordonnances, qui punissaient de mort la plupart des vols, tels que le vol à force ouverte et par violence envers les personnes,

le

le vol avec effraction, etc., même le vol domestique. L'Assemblée Constituante a considéré que
ce dernier était l'effet de l'occasion, et a pensé
que l'infamie et la réclusion suffisaient pour le
prévenir. Le vol avec effraction est plus grave ;
mais il peut présenter des circonstances atténuantes ;
il répugnait d'ailleurs, et il paraissait cruel, de mettre
à mort celui qui n'est coupable que d'une atteinte
à la propriété. Le vol à force ouverte et par
violence envers les personnes, mérite à la vérité
l'animadversion des lois ; mais des considérations
politiques ne permettaient pas d'y infliger la peine
capitale. « C'est un grand mal parmi nous, disait
» Montesquieu, de faire subir la même peine à
» celui qui vole sur un grand chemin, et à celui
» qui vole et assassine. Il est visible que pour la
» sûreté publique, il faudrait mettre quelque dif-
» férence dans la peine. Dans les lieux où la
» peine des voleurs et celle des assassins sont les
» mêmes, on assassine toujours. Les morts, y dit-on,
» ne racontent rien. » Ces réflexions judicieuses
ont été adoptées par l'Assemblée Constituante ;
en conséquence, elle a prononcé contre le vol à
force ouverte et par violence envers les personnes,

une peine très-grave, mais autre que la peine capitale.

2.º Dans la deuxième distinction, la peine de mort est prononcée contre l'incendie, quoique ce crime ne soit qu'une atteinte à la propriété. La gravité de ce crime, les ravages qu'il produit avec une rapidité effrayante, contre lesquels on dirige souvent des secours impuissans, ont provoqué et justifient la sévérité du Législateur. C'est sans doute à cette circonstance qu'on doit appliquer ces paroles de Montesquieu : « Lorsqu'on viole la sûreté » à l'égard des biens, *il peut y avoir* des raisons, » pour que la peine soit capitale. » Néanmoins ce Magistrat s'explique avec une retenue qui indique d'en user alors avec une extrême circonspection.

Dans la troisième distinction, la peine de mort n'est infligée qu'au crime de faux témoignage ; porté dans un procès criminel. Le Législateur paraît n'avoir voulu infliger que la peine du talion ; car il ne permet de prononcer la peine capitale, que dans le cas où le faux témoignage aura occasionné une condamnation à mort.

Le titre III, concernant les complices des crimes, définit la complicité, et développe toutes les circonstances qui l'établissent. Le Législateur a voulu ainsi faire cesser l'arbitraire, ou en ôter l'occasion. Il avait prévu que cette expression *complicité*, qui présentait une idée complexe, pourrait, si elle n'était pas définie et développée, donner lieu à une extension démesurée, par conséquent dangereuse. Le Tribunal de cassation, pénétré de cette vérité, n'a point voulu qu'on se bornât à déclarer une personne, complice d'un crime ; mais qu'on spécifiât le genre ou l'espèce d'action, qui la faisait réputer complice.

Tel est le Code que l'Assemblée Constituante fit succéder aux ordonnances, édits et déclarations incohérens, rendus isolément à des époques toujours éloignées, et réunis avec peine dans les ouvrages des criminalistes qui s'efforcèrent de réduire en système, des parties sans liaison entre elles.

Plusieurs mois s'étaient à peine écoulés, lorsque l'exagération révolutionnaire, qui méditait des excès en tous genres, trouvant dans l'institution du Jury un moyen invincible de résister à la tyrannie, s'empressa de neutraliser les effets de cette institution salutaire, en créant un Tribunal extraor-

dinaire, qui eut la connaissance exclusive de tous
les crimes contre la sûreté publique. Alors les
Tribunaux criminels furent dépouillés de leurs
attributions; l'institution du Jury fut défigurée, ou
plutôt il n'en exista que l'ombre; en effet, le Jury
fut choisi par ceux qui se portaient les accusateurs de ces crimes politiques. Bientôt il devint
inamovible, et l'accusé, privé du droit important
d'en récuser les membres, n'eut pas même dans
la suite le droit de se défendre. La Législation
pénale augmenta avec les crimes; la peine capitale
devint celle de toutes les actions, et les exécutions,
l'occupation de tous les instans. De tels événemens
influèrent sur les Départemens, et introduisirent
dans les Tribunaux criminels, une forme de procéder et de juger, jusqu'alors inconnue, et entièrement opposée à l'esprit comme à la lettre du Code
criminel. Alors le droit d'arrestation, exclusivement
confié jusqu'alors aux Juges de paix, fut remis
entre les mains terribles des Corps administratifs.
Quelquefois même ils exercèrent seuls ce pouvoir.
Les Accusateurs publics, à qui la loi du 29 Septembre 1791 défendait à peine de forfaiture, de porter
au Tribunal criminel, des accusations autres que

celles qui émanaient d'un Magistrat étranger à
ce Tribunal, reçurent le droit de les rédiger,
et de les soutenir devant le Tribunal auquel ils
étaient attachés. Une loi du mois de Nivôse an
II, permit à tout Citoyen âgé de 21 ans, de
remplir les fonctions de Jurés, sans exiger d'autre
qualité. Leur opinion ne fut plus entièrement libre.
Dans certaines accusations, ils furent assimilés aux
Juges, et contraints d'opiner à haute voix, à l'audience publique. Leurs suffrages ne furent plus cal-
culés, avec cette circonspection voulue par leur
institution. La simple majorité des suffrages décida
du sort de l'accusé ; et pour empêcher le partage,
tant on craignait qu'il ne fut acquitté, on réduisit
à onze le nombre des Jurés. Mais, telle était
l'heureuse influence de l'institution du Jury, qu'on
n'eut point à redouter dans les Tribunaux criminels
ordinaires, les effets de ces lois révolutionnaires.
Les auteurs de ces dispositions malignes, furent
trompés dans leur attente criminelle. L'accusé,
il est vrai, ne fut point privé du droit, infiniment
utile, de récuser ceux qu'on lui donnait pour juges ;
mais il avait à craindre de l'éducation, de l'opinion et du caractère de tous ceux qui figuraient

alors sur les listes ; ce qui rendait infructueux son
droit de récusation. Cependant, telle est l'indulgence, ou plutôt l'équité du Citoyen, momentanément appelé pour juger son semblable ; telle est
l'influence des regards du public, lorsqu'ils sont
attachés sur l'exercice des fonctions judiciaires,
que l'une et l'autre furent le meilleur préservatif
contre l'abus du pouvoir. En effet, dans les Départemens, les résultats de ces formes révolutionnaires,
ne firent point gémir l'humanité. L'ignorance même
de ceux qui furent appelés à concourir à ces jugemens, ne fut point la cause de décisions injustes
ou cruelles ; et s'il en exista quelquefois, elles furent l'ouvrage de la loi et non du Citoyen.

Abstulit hunc tandem Rufini pœna tumultum, etc.
Ce cahos, produit par la confusion des pouvoirs
et les variations répétées des dispositions légales,
cessa enfin. Le 9 Thermidor avait imprimé un
mouvement universel à la France ; les résultats
de cet événement mémorable furent appliqués à
toutes les parties de la Législation ; et le Tribunal
extraordinaire, épuré d'abord, fut ensuite anéanti.
Alors la justice rentra dans son domaine, dont
elle avait été exilée pendant vingt-sept mois.

Il ne suffisait pas aux Tribunaux criminels d'avoir recouvré la plus belle partie de leurs attributions. La forme de procéder y éprouvait encore les vices et les bigarrures occasionnés par les lois des 5 et 30 Septembre 1793, 7 et 30 Frimaire, 2 Nivôse, 12 et 14 Germinal, et 21 Floréal an II. La Convention nationale s'occupa de remédier à ces inconvéniens. Placée dans les mêmes circonstances que l'Assemblée Constituante, elle imita la sagesse de sa conduite. Ainsi, après avoir consommé l'œuvre de la Constitution de l'an III, elle s'empressa d'assurer par des lois analogues, la sûreté individuelle dont elle avait fait la base de cette Constitution. Cette Assemblée, qui avait emprunté de la Constitution de 1791, les élémens de celle qui venait d'être proclamée, puisa aussi dans les lois données par l'Assemblée Constituante, les bases du Code important qu'elle allait donner à la France. Aidée de l'expérience de quatre années d'exécution, elle lui donna le dégré de perfection que l'on pouvait attendre de l'esprit humain. Le Peuple Français reçut alors la loi du 3 Brumaire an IV, intitulée : Code des délits et des peines, dont l'excellence consiste en ce que la poursuite des délits de toute

espèce, qui jusqu'alors avait été contenue dans deux
lois séparées, celles des 22 Juillet et 29 Septembre
1791, se trouve maintenant comprise et déterminée
dans la même loi. En effet, le Législateur, après
avoir distingué dans la répression des délits, l'autorité de la police, de celle de la justice, et avoir
déterminé dans le premier livre, les fonctions de
la première, divise l'Administration de la Justice
en trois degrés : les Tribunaux de simple police,
les Tribunaux correctionnels et les Autorités char-
gées de poursuivre, instruire et punir les délits
soumis à l'action criminelle.

Il ne s'agit ici que de l'examen du mode de
procédure prescrit à ces dernières autorités, et des
fonctions qui leur sont attribuées. A cet égard, le
Code des délits et des peines n'est que la répétition
de la loi du 29 Septembre 1791, et un hommage
rendu à l'institution du Jury, que la Convention
Nationale a reproduite avec sa pureté primitive,
en faisant cesser l'empire dangereux des lois rap-
portées ci-dessus, dont l'article 594 du Code
prononce l'abolition. On y remarque néanmoins
quelques différences, que l'usage y a fait intro-
duire, et qui vont être expliquées.

1.º Le Directeur du Jury et le Tribunal criminel sont chargés respectivement d'examiner la procédure faite par ceux qui les ont précédé, et s'ils la trouvent vicieuse, d'en prononcer la nullité et de la faire recommencer par un autre Magistrat. De cette manière, le Directeur du Jury évite au Tribunal criminel, et celui-ci épargne au Tribunal de cassation des réformes fréquentes et par conséquent dispendieuses. Cet avantage du Code des délits et des peines, sur l'institution du Jury, donnée au mois de Septembre 1791, évite aux Magistrats supérieurs et intermédiaires le désagrément de continuer une procédure dont la cassation sera certaine, sans pouvoir y remédier. Cette méthode a encore l'utilité de provoquer la surveillance des uns, de maintenir la subordination des autres, et de les éclairer mutuellement, par le rapprochement des erreurs de ceux-ci, et des rectifications prononcées à cette occasion.

2.º La Convention Nationale s'est montrée plus difficile que l'Assemblée Constituante, dans la formation des listes du Jury. Celle-ci s'était bornée à exiger des Citoyens qu'on y placerait, les conditions requises pour être Electeurs; ce qui permettait

4 *

d'en remplir les fonctions à l'âge de vingt-cinq
ans. La loi du 2 Nivôse an II, au contraire, ne
demandait aucune qualité, si ce n'est qu'on eut
vingt-un ans. Mais l'époque où elle fut rendue,
explique les motifs de cette décision. La Convention
nationale, devenue plus circonspecte, reproduisit les
qualités requises par l'Assemblée Constituante, et y
ajouta l'obligation d'être âgé de trente ans accomplis.
Mais elle a rendu ces listes trop nombreuses, en
ordonnant d'y placer autant de Citoyens que le
département ou l'arrondissement contenaient de
milliers d'habitans ; il en est résulté qu'il a été
difficile de composer ces listes, selon le vœu du
Législateur. Ainsi, les avantages qu'il s'était promis,
se sont trouvés balancés avec les inconvéniens.

3.° L'article 358 du Code défend au ministère public de produire pour témoin le dénonciateur de l'accusé, lorsqu'il s'agit de crime dont
la dénonciation est récompensée pécuniairement
par la loi. L'Assemblée Constituante n'avait point
établi une semblable prohibition, parce qu'à l'époque où elle forma l'institution du Jury, il n'existait
point de loi qui offrit au dénonciateur une telle
récompense. Elle n'ignorait pas que, promettre un

salaire pour prix du succès d'une dénonciation,
c'était donner lieu à la calomnie, puis au faux
témoignage. La Convention Nationale, qui rendit
de pareilles lois, apprit par une funeste expérience, ce qu'on avait à redouter de ceux qu'un
vil intérêt passionnait; sans doute, on doit aux
leçons de cette expérience, ou à des craintes que
la prévoyance inspira, la loi rigoureuse du 5
Pluviôse an II, qu'elle rendit pour réprimer le
faux témoignage. Cette Assemblée, qui avait eu
sous les yeux les déplorables résultats du Gouvernement et des Tribunaux révolutionnaires,
reconnut enfin la nécessité de mettre un terme
aux passions qui souvent avaient dicté des accusations perfides. La prohibition légale, énoncée
en l'article 358 du Code, lui en offrit les moyens.

4.° Un autre article du Code, extrait littéra-
lement de la Constitution de l'an III, défend aux
Tribunaux criminels de poser aucune question
complexe. L'Assemblée Constituante, il est vrai,
ne s'était point expliquée à cet égard. Elle s'était
sans doute reposée sur les lumières des Magistrats
supérieurs, et particulièrement des Présidens, pour
qui une telle observation devait être superflue.

Mais, le vœu secret de l'Assemblée Constituante n'ayant pas été rempli, la Convention Nationale s'est vue obligée de s'expliquer formellement. Une question est complexe, quand elle peut se diviser en deux parties, et occasionner une réponse différente sur chacune d'elles. Si un exemple était nécessaire, on pourrait le puiser dans un procès connu de toute la France, dont le résultat a étonné, et dont voici le résumé : le Comité révolutionnaire de Nantes et une association semblable nommée la compagnie *Marat*, s'étant livrés, dans le cours de l'an II, à des excès horribles, ceux qui les composaient furent arrêtés, traduits au Tribunal extraordinaire, séant à Paris, après le 9 Thermidor, et présentés à l'examen du Jury, dans le mois de Frimaire an III. L'instruction finie, les débats terminés, le Jury les acquitta sur l'intention. On en fut surpris, mais on eut tort. Le vice de cette décision existait dans le texte de la question proposée. En effet, le Président avait demandé si les accusés avaient agi *avec des intentions criminelles et contre-révolutionnaires*. C'était une question complexe; car elle en formait deux, qui donnaient lieu à des réponses différentes. En effet, il était évident que les coupables avaient eu des intentions criminelles, mais ils n'avaient pas eu des intentions contre-révolutionnaires.

5.° L'article 445 du Code ordonne que l'exécution des jugemens criminels soit faite sur la place publique de la ville où le Tribunal tient ses séances. Les motifs de cette innovation sont difficiles à concevoir. L'Assemblée Constituante en avait disposé autrement. Sa décision avait un but plus utile pour l'exemple public. Elle obviait aux inconvéniens attachés à l'habitude des exécutions qui, plus elles sont rares, plus elles font une vive impression.

6.° Un titre spécial contient les attributions du Tribunal de cassation en matière criminelle, et détermine la règle uniforme de sa conduite. C'est ici l'occasion d'observer la différence essentielle qui existe entre le Code de 1791 et celui-ci. L'Assemblée Constituante avait déclaré que les jugemens seraient annulés, dans le cas où on aurait violé ou omis des formes essentielles dans l'instruction du procès. Mais elle n'avait point désigné les formalités de cette espèce ; ainsi le Tribunal de cassation n'avait aucune règle de ses décisions.

La Convention Nationale a mis à profit les omis-
sions de cette Assemblée, et a déterminé, avec
une scrupuleuse attention, les moyens de nullité,
que l'accusé pourrait faire valoir. Ces moyens se
présentent rarement dans les actes qui sont du ressort de l'Officier de police judiciaire, auquel on a
prescrit peu de formalités, parce qu'on ne devait
attendre de lui que des talens médiocres. Elles sont
plus fréquentes dans la partie de l'instruction,
attribuée au Directeur du Jury, parce que ce
fonctionnaire, accoutumé à juger les procès civils,
remplit un ministère qui suppose nécessairement de l'habileté et des lumières. Enfin, ces
formalités sont multipliées, lorsque la procédure
est portée au Tribunal criminel ; et deux motifs
les justifient. Les Membres de ce Tribunal sont
des Magistrats éclairés à qui ces fonctions sont
familières ; et les formalités ordonnées alors par
la loi, tendant à la décision très-prochaine du
sort de l'accusé, le Législateur ne saurait y apporter
trop de précaution. Telles sont les réflexions qui
ont guidé la Convention Nationale, dans la
rédaction du Code du 3 Brumaire an IV, lorsqu'elle a établi des formalités nombreuses, comme

autant de préservatifs contre l'arbitraire et la
précipitation.

Telles sont les additions importantes que présente la comparaison de la loi du 29 Septembre
1791, avec celle du 3 Brumaire an IV. La Convention Nationale, en consacrant ainsi l'institution
du Jury qu'elle venait d'améliorer, lui avait imprimé le caractère d'un monument durable. Elle
était loin de penser qu'on osât y porter atteinte.
L'expérience des derniers temps la rassurait contre
le retour de ces innovations. Ses espérances ont
été trompées. Deux ans s'étaient à peine écoulés,
déjà ce Code avait été violé dans un point essentiel.
La loi du 19 Fructidor an V., née du tumulte
des événemens politiques, statua que désormais le
Jury de jugement ne voterait plus qu'à l'unanimité. Mais une telle décision, pouvant devenir
impossible dans une multitude de circonstances,
cette loi fixa un délai de vingt-quatre heures pour
la réunion des opinions à un avis unanime ; et
ce délai écoulé, elle fit dépendre la décision de
la majorité des suffrages. Cette innovation contraria
le Code du 3 Brumaire an IV, qui, maintenant
la loi du 29 Septembre 1791 sur ce point, ordonnait

que la décision des Jurés fut formée en faveur de l'accusé, par la réunion de trois opinions. De-là naquirent plusieurs inconvéniens.

1.º Le ministère des Jurés devint alors un ministère de contrainte, une fonction fatigante, et l'objet du Législateur ne put être bien rempli. En effet, la loi en donnant aux Jurés un délai de vingt-quatre heures, pour parvenir à une opinion unanime, leur imposait nécessairement l'obligation d'employer utilement cet intervalle de temps, afin d'obtenir le résultat désiré. Il est évident que ce but ne pouvait être atteint par des réflexions secrètes et isolées, qui ne pouvaient changer l'état de la question, ni ramener les esprits d'un avis à un autre. Ce succès ne pouvait résulter que d'une communication de lumières, produit naturel de la discussion et du choc des opinions. La discussion exige le libre usage de la mémoire, de l'entendement et de l'imagination. Or, ces trois facultés sont énervées dans ceux que le besoin du sommeil tourmente, et que le retour de l'aurore appésantit. L'intervention du lendemain ne leur restitue point les facultés que la nuit leur a dérobées ; leurs membres éprouvent une gêne, un

affaiblissement

affaiblissement universels, qui influent nécessairement sur leurs moyens intellectuels. Dans cet
état, la discussion devient impossible ou très-
difficile ; et le Juré, que sa présence d'esprit
abandonne, ne peut apprécier la force ou la
faiblesse des raisonnemens qu'on lui oppose ;
par conséquent il est incapable de bien remplir
les obligations qui lui sont imposées, et d'atteindre
le but du Législateur.

2.º Alors un inconvénient plus grave naît du
premier. Le Juré, que la privation de sa liberté
et celle de son sommeil déconcertent, lutte faiblement pour le soutien de son opinion, et bientôt
l'abandonne, pour se réunir à l'avis de celui dont
la fermeté est inébranlable. Alors le but des auteurs
de l'institution du Jury n'existe plus, et la loi
est violée dans sa disposition essentielle. La déclaration individuelle du Juré n'est plus le résultat
de sa conviction personnelle. La décision du Jury
est entre les mains du petit nombre des Jurés
intrépides, et le sort de l'accusé dépend de la faiblesse ou plutôt de la lâcheté.

3.º Un événement extraordinaire peut ajouter
aux fatigues des Jurés, et les rendre insupportables.

5

Alors l'imprévoyance du Législateur est évidente, et les vices de sa décision deviennent funestes. Il peut arriver que le Jury, qui, ayant le sentiment de ses devoirs, a porté la fermeté jusqu'à épuiser les vingt-quatre heures déterminées par la loi, rende une décision qui répugne à l'universalité des Magistrats; et ce cas sera d'autant plus facile à supposer, si la décision du Jury a été le simple résultat de la majorité des suffrages. Alors le Tribunal, usant du pouvoir qu'il a reçu de la loi, d'anéantir la décision et d'en requérir une seconde avec l'intervention des Adjoints, le Jury qui a combattu les efforts du sommeil pendant la durée de la nuit précédente, se trouvera dans la nécessité de reprendre la discussion, avant d'avoir reposé ses membres languissans. La division d'opinions, qui a régné pendant la journée précédente, le forcera de prolonger les débats pendant un nouveau délai de vingt-quatre heures. Alors quel sera l'individu capable de supporter la privation réitérée du sommeil, pendant la durée de deux nuits successives? quel Citoyen pourra commander alors à ses sens, rappeller sa mémoire fugitive, éveiller son attention, en appeller à son jugement?

un tel effort est au-dessus des forces de l'homme ;
ses membres sont à peine engourdis, déjà ses
facultés sont éteintes. La délibération devient
alors imposssible ; et la loi qui l'ordonne, com-
mandant une formalité inutile et fatiguante pour
le Jury, fait douter de la sagesse du Législateur,
compromet sa dignité, et rend équivoque le respect
du Citoyen.

4.° Cette obligation de voter à l'unanimité,
pendant un délai de vingt-quatre heures, met en
danger l'innocence de l'accusé, soit que la décision
soit unanime, soit qu'elle ne le soit pas. Dans
le premier cas, des Jurés pusillanimes ont cédé
à l'empire de leurs Collègues, après une discussion de quelques heures, et la décision a été le
résultat de la ténacité de quelques hommes. Dans
le second cas, la décision se formant à la simple
majorité, la vie, la liberté, l'honneur du Citoyen
sont au pouvoir d'un seul homme ; et le jugement
criminel, semblable à la légèreté d'une décision de
police, devient injuste et cruel, et perd cette gravité,
cette considération et cette autorité, qui commandent le respect en réunissant les opinions.

Tels sont les résultats dangereux de cette dis-

position légale, qui intervertit l'ancien mode de
la délibération des Jurés. La loi où elle fut
insérée, l'époque où elle fut rendue, justifient ces
inconvéniens. On s'étonnera sans doute que cette
loi qui, portant avec elle le cachet de sa réprobation, a été successivement abrogée dans presque
toutes ses parties, subsiste encore aujourd'hui dans
cette seule disposition qui, intéressant la justice
criminelle, sollicitait un examen sérieux, et une
prompte abolition.

Cette innovation n'est pas la seule qu'ait éprouvée
la loi du 3 Brumaire an IV ; celle du 7 Pluviôse
an IX a rompu l'économie de la première, en dépouillant les Juges de paix de leurs attributions
en matière criminelle. Elle en a investi deux
fonctionnaires : le Directeur du Jury et un Magistrat de sûreté, qu'elle a établi près de lui.
Depuis ce moment, l'accusé a été privé d'un degré
de juridiction. Le Législateur a donné la poursuite
à celui-ci, et réservé l'instruction au premier. Par
une compensation équitable, et née de la prévoyance,
il n'a pas voulu que le Directeur du Jury, arbitre de
l'information, rédigeât encore l'accusation ; il en a
remis la confection aux soins du Magistrat de sûreté.

Il a fait cesser l'usage de la comparution des témoins devant le Jury d'accusation. Cette disposition nouvelle, contraire à la base de l'institution du Jury, a eu des effets nuisibles. Le Jury privé de l'avantage inappréciable, d'entendre les témoins s'expliquer devant lui, réduit à la formalité insuffisante de la lecture des déclarations écrites, qui ne provoque point l'attention, ne fixe point le jugement, parce qu'elle est fastidieuse, n'a pu se former une idée juste, ni apprécier avec certitude le mérite des déclarations faites devant le Magistrat. Son imagination n'ayant point été frappée, et sa mémoire étant infidèle, il en est résulté souvent que sa décision, formée dans l'incertitude, a légèrement acquitté les uns, et prononcé sur d'autres, avec une rigueur excessive.

Ces inconvéniens ont été bientôt suivis de changemens plus dangereux, qui ont menacé l'existence de l'institution du Jury. Des raisons politiques mal conçues, des craintes exagérées, ont fait décréter l'établissement de Tribunaux spéciaux, dont le pouvoir immense et arbitraire rappelle l'idée des siéges prévôtaux. En effet, dans ces Tribunaux en même temps civils et militaires, la poursuite, l'instruction et le jugement sont abandonnés aux mêmes Juges. Aucune formalité ne garantit l'accusé de l'oppression. Le droit d'être défendu n'est pas consacré par la loi, et quelquefois l'accusé sans fortune, est privé de ce moyen qui lui est si précieux. Ses Juges sont toujours les mêmes; il ne peut les récuser. Ils ne sont point indépendans. Le jugement des procès criminels est pour eux une habitude. Plusieurs d'entr'eux sont militaires, et accoutumés par les lois de leur état à une rigueur impitoyable. Leur décision se forme à la simple majorité des opinions. Elle est arbitraire et sans appel. Elle prononce la mort dans une infinité de circonstances, où le Code ordinaire la réprouve; et le condamné n'a pas même le droit d'invoquer l'intervention du Tribunal de cassation, pour faire anéantir les actes où l'exécution de la loi et les formalités qu'elle a établies ont été violées ou négligées. L'individu condamné est à l'instant frappé. Tel est le tableau fidèle des fonctions cumulées de ces Tribunaux extraordinaires, dont le nom seul fait trembler le Citoyen paisible; dont le pouvoir redoutable et l'empire dangereux compromettent l'existence des hommes, et font craindre à chaque

instant une accusation injuste, mais vraisem-
blable, qui portée devant de tels Juges, ne peut
donner que des résultats déplorables.

Une discussion solemnelle fit connaître d'avance
ces nombreux inconvéniens ; mais l'influence des
événemens, des considérations politiques, et l'espérance du succès, firent échouer les observations
dictées par la sagesse et la prévoyance, et le projet
présenté fut adopté. Néanmoins les objections proposées avaient déjà frappé les esprits des rédacteurs
de cette loi ; sa durée fut donc limitée, preuve
irrécusable du vice radical de cet établissement
momentané. Elle n'étendit pas son empire sur
l'universalité des Départemens ; elle était donc
reconnue inutile et même dangereuse. Mais ce
privilège, accordé à la plus grande partie de la
France, cessa bientôt ; et la mesure employée envers plusieurs Départemens, fut étendue à tous.
Alors chaque Tribunal criminel fut érigé en Tribunal spécial. A la vérité cette nouvelle disposition
légale reçut des modifications. Les Officiers militaires ne furent point admis dans ces Tribunaux,
et la compétence fut restreinte à deux genres de
délits bien caractérisés. Mais ces Tribunaux ne

furent pas moins investis des pouvoirs illimités, conférés aux premiers. Il leur fut ordonné de procéder, instruire et juger, suivant la loi du 18 Pluviôse an IX, qui règle la conduite des premiers; par conséquent ils cumulèrent les mêmes pouvoirs, reproduisirent les mêmes vices, et donnèrent lieu de craindre les mêmes dangers. Semblables aux premiers, la durée de leur existence est limitée ; et lorsque la tranquillité de l'Europe sera assurée, les uns et les autres n'existeront plus ; nouvelle preuve que ces Tribunaux n'ont pas obtenu plus de faveur dans l'esprit de ceux qui les ont créés, et qu'il a été tacitement reconnu que l'institution était vicieuse, et les moyens employés, dangereux.

Ce fut une singularité bien frappante, qu'au moment où la première de ces deux lois, qui portait une atteinte funeste à l'institution du Jury, fut rendue, l'Institut National proposa, pour sujet de l'un des prix qui devaient être décernés en l'an X, la solution de la question suivante : *quels sont les moyens de perfectionner l'institution du Jury en France?* Certes, le premier de ces moyens était l'abolition des Tribunaux spéciaux, que la loi du mois de Pluviôse an IX venait d'établir. Sans doute l'Institut espérait que cette loi, qui ne renfermait pas le vœu de sa perpétuité, serait rapportée avant le moment fixé pour son expiration. Il pensa que le temps de sa durée devait être employé à méditer, pour découvrir ce qu'elle offrait aux recherches des hommes éclairés. En proposant un tel examen, l'Institut National soumit à la méditation des Citoyens, la question la plus importante et la plus utile à l'humanité. Il prouva à la France entière, que les beaux arts n'absorbaient pas tous ses momens, et que les sciences physiques n'enchaînaient pas exclusivement son attention. Le vœu qu'il avait exprimé fut accompli. Le résultat des réflexions et des recherches qu'il avait provoquées, lui fut présenté, et le prix proposé fut acquis et décerné.

Les moyens indiqués à l'Institut n'ont pas été rendus publics ; il semble que le Gouvernement et les premières Autorités ne les aient pas connus, et qu'ils soient destinés à rester dans l'oubli. En effet, le Tribunal de cassation, rendant compte au Gouvernement de ses observations sur l'exercice de la justice criminelle, énonce les abus qu'il a découverts, et au lieu de présenter avec précision,

5 *

le remède indiqué par les écrivains, ou puisé dans sa propre expérience, il saisit cette occasion, pour critiquer entièrement l'institution du Jury. Il semble que cette institution, qui est l'ouvrage le plus parfait de la sagesse et des lumières d'une assemblée recommandable, qui a résisté à tous les orages de la révolution, et que douze années d'expérience ont consacrée, n'avait point à craindre un examen scrupuleux. Les abus que le Tribunal de cassation a remarqués, sont l'effet du temps à qui tout cède. Ce Tribunal devait se rappeller que rien n'est parfait en sortant des mains de l'homme ; que l'ouvrage le plus rapproché de la perfection dégénère, lorsqu'il est appliqué à réprimer les passions, toujours occupées à franchir la barrière qu'on leur oppose. Détruire les abus dès leur naissance, et perfectionner, par les conseils de l'expérience, un moyen employé long-temps avec succès, tel est le langage de la prudence ; tel est l'art de gouverner. Détruire entièrement ce qui existe depuis long-temps, pour remédier à quelques vices que l'usage a introduits; c'est vouloir innover à tout instant, car il n'est rien dont on n'abuse ; c'est se mettre dans la nécessité de tenter fré-

quemment des moyens que le temps n'a pas
éprouvés, et dont le succès est incertain. En
effet, le Tribunal de cassation étant chargé de
faire connaître, chaque année, au Gouvernement
les vices ou l'insuffisance des lois, que l'expérience lui a démontrés, l'intention du Gouvernement doit être d'améliorer ou perfectionner les
parties de la Législation, que le temps a rendues
défectueuses, et non de les détruire pour y substituer
de nouveaux systêmes; autrement, les innovations
se multiplieraient chaque année; le bouleversement
deviendrait général, et *rien*, selon l'expression
d'un homme célèbre, *ne deviendrait certain*, *que*
l'incertitude même.

Quoique la confiance que le Gouvernement
témoigne dans cette occasion au Tribunal de cassation, soit fondée, elle ne doit pas cependant
être telle qu'il rejette les renseignemens qui pourraient lui parvenir; car les résultats donnés par ce
Tribunal reposent quelquefois sur des erreurs occasionnées par les apparences. Cette observation
s'applique spécialement aux comptes rendus chaque
année par ce Tribunal, sur l'exercice de la justice
criminelle. Le Tribunal de cassation ne peut à

cet égard se former une opinion certaine, ni
donner des renseignemens exacts. Deux circonstances concourrent à tromper son jugement : 1.°
ce Tribunal, placé dans la Capitale, dans le lieu
même où siégent les deux sections du Tribunal
criminel de la Seine, est continuellement instruit
des excès monstrueux, dont la répression est confiée
aux Magistrats de ce Département. Les détails en
retentissent dans son enceinte. La diversité de ces
crimes, leur multitude, leur atrocité, font une impression douloureuse sur l'imagination. Ce tableau
horrible fait accuser la perversité humaine, et la
France entière est enveloppée dans les réflexions
sinistres, que produit l'horreur des crimes commis
dans la Capitale. Cependant, ces excès ne sont
familiers qu'à cette vaste cité. Le Département
le plus populeux ne peut, sous ce rapport, lui
être comparé. La plus grande partie jouit de la
tranquillité. Leurs campagnes sont heureuses; tous
y travaillent utilement; dans les villes, les mal-
intentionnés sont en petit nombre, parce qu'elles
sont médiocrement étendues, et ils sont facilement
surveillés. Les crimes n'y sont pas fréquens, et
si quelques-uns plus graves excitent quelquefois

l'indignation, ils ne se représentent qu'à des intervalles éloignés; 2.º le Tribunal de cassation
est chargé de prononcer sur les requêtes des condamnés. Mais ce moyen, dont le succès est rare,
est souvent dédaigné par eux; et il est toujours
employé par ceux qui étant condamnés à la peine
capitale, n'ont rien à craindre, et beaucoup à
espérer. De cette manière, l'audience du Tribunal
de cassation retentit du récit déplorable de la
plupart des crimes qui se commettent dans les
Départemens. On n'y connait que les crimes atroces, qui étant punis de mort, sont toujours l'objet
d'un recours, et parviennent ainsi à la connaissance du Tribunal.

Ces deux circonstances influent nécessairement
sur l'opinion du Tribunal de cassation, échauffent
son imagination, égarent son jugement. Ce Tribunal
justement allarmé de la série des attentats dont il
est entretenu, cédant à la sensation pénible du
moment, paraît oublier que ces crimes, étant répartis entre les nombreux Départemens de la
France, ne sont pour chacun que des accidens
rares dans le cours d'une ou plusieurs années; que
plusieurs n'en fournissent presque jamais l'exemple,

et que la tranquillité publique y rend quelquefois
inutile le ministère de la justice criminelle. Dans
ces lieux paisibles, l'exécution d'un condamné à
mort est un événement extraordinaire. Son appareil effrayant fait une vive impression, et remplit
entièrement le but du Législateur.

Cette erreur du Tribunal de cassation l'a porté
à blamer l'institution du Jury, à douter de son
excellence, et des résultats utiles qu'elle n'avait
cessé de produire depuis douze années. Il l'a accusée
de trop d'indulgence, oubliant que cette institution
créée pour assurer la liberté individuelle du Citoyen,
en avait été la garantie constante, sans néanmoins
compromettre les droits de la société, ni les be-
soins de la sûreté publique. Il a ignoré que cette
institution, isolée de toute espèce de système, et
dont les moyens ne reposent que sur la conscience
de l'honnête homme, avait été souvent le fléau
du coupable et l'espoir de l'innocent; qu'à cette
institution, à qui on a injustement reproché de
la mollesse, la tranquillité publique était redevable
d'une multitude de condamnations méritées, qui
de l'aveu des Magistrats, chargés de la vindicte
publique, n'eussent jamais été prononcées par les

anciens Tribunaux. Ainsi, les coupables ont tremblé souvent devant ces Magistrats-Citoyens qui, n'ayant d'autre règle que leur conviction intime, les ont atteints plus sûrement, par leurs simples procédés, que les Magistrats sévères de l'ancien régime, quoiqu'armés d'un glaive menaçant, et environnés de formes barbares. Ces décisions n'ont point étonné. En effet, dit Beccaria, « l'ignorance même » qui juge par sentimens, est alors plus sûre que » la science qui décide d'après l'opinion. » Si quelquefois l'accusé, que l'opinion publique jugeait coupable, a échappé à la conviction du Jury, ces événemens rares ont été le résultat de l'obscurité des faits, de l'incertitude des conjectures, ou de l'adresse des coupables qui se sont étudiés à effacer les traces de leurs crimes, où à éloigner d'eux les apparences dangereuses, alimens des présomptions. Le Jury a dû craindre aussi de mettre l'innocence en danger, par une décision hasardée qui eut donné à l'erreur l'empire de la vérité; car telle est la condition des hommes, que la vérité, qu'ils cherchent avec ardeur, souvent leur échappe, parce qu'elle ne se présente à leurs yeux, qu'environnée d'un nuage qui leur permet à peine de la reconnaître. Attribuer aux circonstances et à la faiblesse humaine les défauts de cette institution, en reconnaissant son utilité, son importance, sa nécessité même ; maintenir ce garant indispensable de la sûreté individuelle, en rectifiant les parties dont l'expérience a fait connaître l'insuffisance, telle est la décision équitable que dicte l'impartialité.

Ces observations judicieuses ont été sans doute adoptées par plusieurs Membres du Tribunal de cassation, et probablement leur influence a déterminé la décision de ce Tribunal. En effet, ces Magistrats, après avoir soumis à une critique trop sévère les principaux points de l'institution du Jury, et en avoir exagéré les défauts, terminent en proposant de maintenir le système sur lequel elle repose ; mais ils indiquent le besoin, et ils expriment le désir de son amélioration ; ce qui reproduit la question que dans le cours de l'an IX, l'Institut National proposa en ces termes : *quels sont les moyens de perfectionner l'institution du Jury en France?* question qu'il importe à l'utilité publique et à l'avantage particulier des Citoyens, de résoudre d'une manière satisfaisante.

Si

« Si pour atteindre le résultat désiré, il suffisait
d'anéantir tout ce qui porte une atteinte funeste
à cette institution, la tâche du Citoyen ne con-
sisterait qu'à indiquer les lois qui la contrarient,
et à exprimer le vœu de leur abrogation ; celle
du Gouvernement se bornerait à prononcer la décision réclamée, et ces lois rentreraient dans le
néant. Alors les Tribunaux spéciaux, l'effroi des
Citoyens, abandonnant le pouvoir immense, qu'une
confiance aveugle leur a confié, restitueraient à
l'institution du Jury, le domaine usurpé sur elle ;
et celle-ci reprenant les attributions dont elle
avait été dépouillée, exercerait exclusivement l'empire qu'elle tenait de la loi, et que la confiance
publique avait sanctionné. Mais ce vœu des
Citoyens éclairés sera-t-il rempli ? n'ont-ils pas
à craindre de voir prolonger entre ces deux établissemens, un partage de pouvoir, contraire à
l'unité qu'un sage Législateur doit conserver dans
chaque partie de la Législation ? dans cette incertitude, il est de l'intérêt du Citoyen, de hâter
la décision qu'il désire, en mettant sous les yeux
le parallèle de ces deux autorités, dont le résultat établit jusqu'à l'évidence, les avantages

incontestables de l'une, et les dangers inséparables de l'autre.

« Si vous examinez, disait Montesquieu, les
» formalités de la justice, dans le rapport qu'elles
» ont avec la liberté et la sûreté individuelles des
» Citoyens, vous en trouverez souvent trop peu ;
» et vous verrez que les peines, les dépenses, les
» longueurs, les dangers même de la justice, sont
» le prix que chaque Citoyen donne pour sa
» liberté..... Il ne faut donc pas être étonné de
» trouver dans les lois, tant de règles, de dis-
» tinctions, de restrictions et de modifications. »
Ces réflexions justifient les sages précautions ré-
pandues dans l'institution du Jury, et censurent
également les divers Tribunaux spéciaux, créés
par les lois des 18 Pluviôse an IX et 23 Floréal
an X, qui, procédant suivant les mêmes règles,
portent la même atteinte au système établi par
l'Assemblée Constituante, et inspirent également
de l'inquiétude aux Citoyens. Plusieurs inconvéniens graves sont attachés à la composition de ces
Tribunaux, et à l'extension démesurée de leurs
pouvoirs.

Le premier reproche que méritent ces Tribunaux, consiste, dans le choix de ceux qui les composent. Lorsque l'Assemblée Constituante reconnut la nécessité d'une réforme générale dans le système de la Législation criminelle, elle voulut pour éviter l'oppression, que le droit de prononcer sur la vie ou la liberté des Citoyens, fût exclusivement confié à un corps entièrement indépendant. Elle ne reconnut point ce caractère dans ceux qui faisaient partie de la Magistrature, quoiqu'ils fussent élus par le vœu libre des Citoyens. Elle craignit que leur subordination naturelle au pouvoir exécutif, à qui le droit de conférer les emplois publics donnait de l'influence, n'altérât dans leur personne cet esprit de liberté, que produit le désintéressement, et que détruisent également la crainte ou l'espérance. C'est pourquoi elle réserva la redoutable puissance de juger, à la classe des Citoyens utiles, qui livrés à des occupations étrangères au Gouvernement ou ignorées de lui, n'avaient pas les mêmes passions, et ne partageaient point les mêmes craintes, ni les mêmes espérances. Alors l'indépendance absolue vint siéger dans les Tribunaux criminels, et l'équité dicta les arrêts de la Justice. On ne peut nier,

sans partialité, que ces avantages n'existent aucunement dans l'organisation des Tribunaux spéciaux ;
il est évident qu'ils y sont perdus pour les Citoyens.
Leur mission n'émane point de la volonté de ceux-
ci, mais de celle du Gouvernement. Les Membres
de ces Tribunaux tiennent leurs pouvoirs de celui
qui a provoqué leur création ; et quelques-uns sont
amovibles ; ils sont donc dans la dépendance du
Gouvernement. Ainsi l'accusé craint avec raison,
pour son existence qu'il voit en danger. La sûreté
publique est garantie, direz-vous ; vous vous trom-
pez ; car la sûreté individuelle est menacée, et
c'est la sûreté de chaque Citoyen qui, suivant
J. J. Rousseau, constitue la sûreté publique. C'est
à l'expérience à nous rapporter les événemens qui
justifient l'exactitude de ces principes, et qui ser-
viront à apprécier cette innovation.

2.º Un autre inconvénient, inhérent à la composition de ces mêmes Tribunaux, consiste dans
la réunion des pouvoirs, toujours fatale aux accusés.
L'Assemblée Constituante savait que, dans un état
où les Citoyens livrés à leurs travaux ne peuvent
pas veiller à la tranquillité publique, le Gouvernement devait être chargé de ce soin ; qu'à lui

seul appartenait le droit de signaler les excès qui la troublent, ou nuisent à la sûreté des Citoyens, et d'en poursuivre les auteurs. Mais elle pensait que ses fonctions ne devaient pas s'étendre plus loin ; et que le Gouvernement, dénonciateur public et naturel des crimes, ne pouvait s'en constituer juge, ni en déléguer le pouvoir à ses Agens. Il lui paraissait indispensable d'admettre, entre le Gouvernement accusateur et le Citoyen accusé, un arbitre équitable qui prononçât sur les réclamations des deux parties. Ce but est atteint par l'intervention du Jury. Le Législateur qui redoutait le danger du pouvoir d'accuser, en avait refusé l'exercice au Gouvernement, et avait ordonné que les fonctions d'Accusateur public seraient conférées par le choix libre des Citoyens. Cet usage a duré pendant huit années. La Constitution de l'an VIII en a disposé autrement ; elle a donné au Gouvernement le pouvoir de choisir l'Accusateur public ; mais ce droit a été l'effet de la réunion dans la même personne, des fonctions attribuées au commissaire du Gouvernement et de celles qui sont exercées par l'Accusateur public. L'institution du Jury, qui conservait alors tout son empire, tempérait l'effet de ces pouvoirs cumulés. Aujourd'hui elle est privée d'une partie de ses attributions. Les Tribunaux spéciaux, qui les ont reçues, ont une organisation entièrement opposée. La séparation des pouvoirs n'y existe plus. Le Commissaire-Accusateur, nommé par le Gouvernement, rédige l'accusation ; le Tribunal composé de Juges qu'il a nommés, instruit, juge et prononce irrévocablement, sans autre règle que son opinion, sans autre frein que la toute-puissance de sa volonté. Ainsi, la plainte, l'accusation et la conviction, que l'Assemblée Constituante avait divisées en trois branches, et attribuées à des Magistrats différens, sont cumulées dans les mains de la même autorité. Un tel établissement est évidemment funeste à celui que les apparences accusent.

3.° L'accusé peut encore reprocher à juste titre, à ces Tribunaux, une prévention irrésistible, qui éteint dans ses membres, le désir naturel de découvrir l'innocence. Il semble qu'institués pour réprimer souvent le coupable, et punir ses excès, ils n'aient jamais d'autre ministère à remplir. La défense d'un accusé que la loi présume innocent, et qui l'est quelquefois, n'a point d'empire sur

leur esprit, d'où la sensibilité semble être exilée.
Lorsqu'un individu paraît devant eux en état d'accusation, leur préjugé s'attache à lui, et ses
résultats sinistres devancent l'impression que feront
les charges produites contre lui ; car celles-ci font
sur leur esprit un effet durable. Au contraire,
les moyens de sa défense sont faiblement écoutés ;
car sa qualité d'accusé lui a fait perdre leur confiance. Cependant ses réponses sont souvent vrai-
semblables, quelquefois vraies, et la présomption
de la loi lui est favorable. Qu'en faut-il conclure ?
que ces Tribunaux sont plus sévères que la loi.
Ce danger est inévitable. En effet, ces Magistrats,
qui pendant l'instruction publique ont connu, par
la bouche des témoins, les charges qui s'élèvent
contre l'accusé, rentrant dans la chambre du
Conseil, retrouvent ces déclarations écrites, qui
sont un témoignage matériel et toujours subsistant
des présomptions accumulées contre lui. Sa justification, qu'il n'a communiquée que par le moyen
de la parole, est oubliée ; il n'en existe aucune
trace qui puisse la rappeller à l'imagination. Il
est évident qu'alors il n'y a plus de contre-poids,
et que l'accusé succombera toujours. Eh ! comment

pourrait-il échapper à une condamnation injuste ?
Les Juges ont la facilité de consulter l'information
écrite ; tandis que les déclarations qu'elle contient
ont été peut-être modifiées, atténuées, changées
même à l'audience, dans le débat qui s'est élevé
entre les témoins et l'accusé. Celui-ci a sans
doute fait entendre des témoins justificatifs ; ces
déclarations importantes et ce débat infiniment
précieux, ne laissent dans les esprits qu'une trace
légère ; comment pourrraient-ils contre-balancer
l'impression actuelle de l'information faite contre
l'accusé, qui étant seule fixée par écrit, l'em-
portera toujours sur les raisonnemens plausibles
de l'accusé, que sa voix seule a fait entendre, et
que la mémoire a peut-être oubliés.

L'institution du Jury fait disparaître ces effets
pernicieux d'une double prévention, également
injuste. Les Jurés que la loi appelle, suspendent
leurs travaux pour venir des divers points du
Département, au lieu où siége le Tribunal qui
a besoin de leur ministère. Étrangers entr'eux,
car c'est peut-être la seule fois qu'ils se sont
trouvés ainsi réunis, ils apportent un esprit im-
partial, qu'aucune rumeur populaire n'a prévenu ;

une imagination neuve, que l'habitude des jugemen
criminels n'a point endurcie. La procédure antérieure leur est inconnue ; comme la loi, ils
présument l'innocence dans la personne de l'accusé, jusqu'à ce que les charges portées contre
lui, aient frappé leurs oreilles, disposé leur opinion,
et préparé leur jugement. Les moyens de la défense de l'accusé trouvent accès dans leur esprit,
parce que tout ce qui porte le caractère de la
vraisemblance, mérite d'être approfondi. L'instruction d'un procès criminel est un événement
nouveau pour chacun d'eux ; ils y donnent une
grande attention , une curiosité avide, et rien
n'échappe à leur mémoire. Le débat qui a eu lieu
en leur présence, les a seul instruits des détails
circonstanciés du procès ; leur esprit, qu'aucun
sentiment étranger n'occupe, en est bien pénétré.
L'information écrite ne leur est point communiquée ; et cette reserve a cet heureux effet que
la mémoire, qui reproduit à leur entendement les
charges accumulées contre l'accusé, leur rappelle
aussi les moyens de sa justification, qui peuvent
alors contre-balancer les présomptions de sa culpabilité. La discussion, qui s'élève ensuite entre les

6 *

Jurés qu'aucune passion n'agite, et dont la prévention n'obscurcit pas le jugement, produit une
décision formée par la raison, avouée par l'équité,
et qui devient la mesure du châtiment que vont
prononcer les Ministres de la Justice. Voilà les
résultats incomparables de cette institution qui
fut sans contredit la plus belle œuvre de l'Assemblée Constituante.

4.° La procédure des Tribunaux spéciaux ne
peut soutenir un pareil examen. Tout ici décèle
l'imprudence ou l'erreur de ses auteurs. C'est encore
un vice de son organisation, que l'accusé, qui
trouve dans ces Tribunaux, les mêmes Juges qui
ont prononcé sur une multitude d'accusations qui
ont précédé la sienne, ne puisse exercer contre
eux une récusation péremptoire. Devant le Jury
de jugement, que le sort a déterminé, il a la double
faculté de récuser avec motifs, et d'exclure péremp-
toirement ceux que le sort a désignés, même
plusieurs autres que le sort leur a subtitués. Sans
doute on a, dans cette circonstance, porté bien
loin la prévoyance ; mais il faut avouer que dans
la première, on a donné dans un excès opposé,
en refusant à l'accusé un moyen qu'il peut exercer,

et qu'il a le droit de réclamer par tant de motifs.
Car ce n'est point une vaine formalité ; elle influe
visiblement sur la décision du fond ; elle paraît
même décisive à l'accusé qui, suivant l'expression
de Montesquieu, « peut se mettre dans l'esprit »
» qu'il est tombé entre les mains de gens portés
» à lui faire violence. » D'ailleurs l'admission de
cette formalité, qui ne nuit en rien à l'Administration de la Justice, est conforme à l'équité,
et a l'avantage de porter la consolation dans l'âme
de l'accusé. En effet, dit Beccaria : « que le cou-
» pable puisse récuser, jusqu'à un certain point,
» ceux de ses Juges qu'il suspecte ; avec cette
» faculté illimitée, il semblera se condamner
» lui-même. »

5.° Ce n'est pas un moindre inconvénient, que
cette latitude laissée aux Membres de ces Tribunaux,
de remplir telle formalité qu'ils croient convenable, et de négliger ou omettre celles qu'ils jugent inutiles. La disposition de la loi du 18 Pluviôse
an IX, qui les soustrait à la surveillance et à la
censure du Tribunal de cassation, est un moyen
fécond d'abus et de négligences, qui peut devenir
funeste aux accusés. Les leçons de l'expérience

apprennent que le temps détruit les meilleures institutions ; comment ne pervertirait-il pas les établissemens qui portent avec eux la preuve de leur imperfection ? La sagesse et la prévoyance commandent également de tarir promptement la source de ces vices. A cet égard, l'institution du Jury peut encore servir de modèle. En effet, le Législateur, qui dans la loi du 3 Brumaire an IV a tracé, avec une attention scrupuleuse, la conduite du Magistrat, quoique l'intervention du Jury garantît déjà l'accusé de la crainte de l'oppression, doit à plus forte raison lui témoigner sa sollicitude, et ne négliger aucune des précautions que la loi a prises, en le traduisant devant un Tribunal d'exception. Mais ces moyens, qui ne serviraient qu'à prouver l'insuffisance du remède et le vice de la loi nouvelle, démontreraient la nécessité de l'abandonner, et de recourir à l'institution du Jury, comme à son modèle.

6.º La disposition de la loi du 18 Pluviôse an IX, la plus dangereuse dans ses conséquences, est évidemment celle qui, instituant les Tribunaux spéciaux, arbitres absolus de leur décision, leur ordonne de la former à la simple majorité des opinions. Il n'est pas besoin de s'épuiser en longs raisonnemens, pour faire pressentir les effets pernicieux, que cette imprudence et cette excessive sévérité peuvent occasionner à tout moment. Tel était l'usage des anciens Tribunaux dont on a justement déploré les erreurs irréparables. L'Assemblée Constituante, effrayée de ces résultats douloureux, s'était empressée d'anéantir cet usage honteux, qui assimilait le prix de la vie, de la liberté et de l'honneur des hommes, à celui de la pièce de monnaie, que le Juge de police employe pour amende. Son décret du 8 Octobre 1789, avait ordonné de ne prononcer les peines afflictives ou infamantes, qu'aux deux-tiers des voix. Elle ne permettait pas même de prononcer à ce nombre, la peine capitale. Pour l'infliger, elle exigeait les quatre-cinquièmes des opinions. Bientôt elle institua les Jurés; et quoiqu'elle fût persuadée que ceux-ci ne prononceraient jamais légèrement, elle voulut que l'accusé ne fût jamais condamné par eux, que par la réunion des cinq-sixièmes des voix contre lui. Si une mesure aussi prudente était nécessaire, c'était sans contredit, dans ces Tribunaux d'exception, composés

de Juges prévenus et toujours rigoureux, dont la
décision ne devait jamais faire craindre une molle
indulgence. En effet, il s'en est trouvé qui, plus
sévères que le Magistrat même, que la loi charge
de poursuivre vivement l'accusé, ont outré la
sévérité légale, en prononçant des condamnations
que l'opinion publique réprouvait, et qui répu-
gnaient même à leurs collègues.

Ceux qui liront l'histoire de la jurisprudence
criminelle pendant la Révolution Française, s'éton-
neront sans doute, en comparant la jurisprudence
des Tribunaux criminels avec celle des Conseils
militaires, de voir que les Citoyens aient été, dans
cette circonstance, traités plus durement que les
Militaires, dont l'état et la discipline comportent
une rigueur qui serait injuste envers les Citoyens.
En effet, les premiers ont toujours été jugés par
leurs pairs; et le Législateur a montré à leur
égard une sollicitude constante, et pris des précautions qui méritaient de trouver place dans
l'institution du Jury. Le 12 Mai 1793, la Convention Nationale adopta un Code pénal militaire,
moins rigoureux que les précédens. Le 3 Pluviôse
an II, elle organisa les Tribunaux militaires, à

l'exemple des Tribunaux ordinaires ; et dans les premiers elle établit, comme dans ceux-ci, un Jury militaire, dont la tâche était consolante, puisqu'il devait, dans tous les cas, prononcer si l'accusé était excusable ; question inusitée dans l'institution du Jury, que l'Assemblée Constituante avait créée. Au mois de Fructidor an III, l'organisation des Tribunaux militaires changea. Une loi du 2.ᵉ jour complémentaire an III, donna à ces Tribunaux le titre de Conseils militaires, et les composa de neuf Membres choisis par l'accusé. Elle défendit d'y prononcer la mort, si trois Membres s'y refusaient. Cette innovation dura un an. Au mois de Brumaire an V, les deux Conseils Législatifs rendirent deux lois, les 13 et 21 de ce mois. La dernière, qui est le Code pénal militaire, adoucit encore la rigueur des peines portées dans les lois précédentes. La première, qui règle la composition et le mode de procédure des *Conseils de guerre*, maintient l'usage de prononcer si l'accusé est excusable, forme le Conseil de sept militaires gradués, et veut que chaque décision, même sur l'excuse, soit formée en faveur du coupable, par la seule réunion de trois voix. Enfin,

le Législateur circonspect institue un Conseil de
révision, auquel sont nécessairement portés les
procès criminels, et qui a seul le droit d'ordonner
l'exécution du jugement. On remarquera que dans
les Conseils militaires, il n'existe point d'Accusateur public. Les fonctions du ministère public
y sont remplies par un Capitaine-rapporteur, qui
est chargé de résumer l'affaire, et d'indiquer les
dispositions légales, que le Conseil pourra appliquer.
Par conséquent ses fonctions sont analogues à
celles du Président des Tribunaux criminels ordinaires. Ce récit suffisait pour démontrer l'injustice
des mesures trop sévères et intempestives, que le
Gouvernement a prises. L'exemple suivi envers
les Corps militaires, et l'équité, réclamaient des
procédés non moins circonspects, dans le jugement
des Citoyens que la loi, d'accord avec la raison,
présume toujours innocens. Ces précautions, ces
procédés, dictés par la prudence, n'étaient point
inconnus, et nulle recherche n'était nécessaire.
L'Assemblée Constituante s'y était livrée; elle avait
réussi; elle avait proclamé le résultat de ses travaux; il était devenu loi; il était en usage;
plusieurs années l'avaient éprouvé; il avait résisté
aux

aux secousses révolutionnaires ; son utilité avait été universellement reconnue, et il avait été reproduit avec plus d'éclat. Son existence devait donc être durable ; et l'on ne devait pas s'attendre à des innovations dangereuses, qui portassent une atteinte manifeste à l'institution suivie. Ces changemens, que des considérations momentanées, souvent fausses ou mal fondées, ont opérés, deviennent toujours abusifs, parce que tout dégénère entre les mains de l'homme. L'expérience de tous les temps nous l'apprend. Les mêmes causes ont donné les mêmes résultats chez toutes les Nations. Rome dans sa splendeur a eu aussi ses Tribunaux spéciaux. L'instruction s'y faisait aussi en présence du peuple assemblé ; mais le changement des formes introduisit l'abus ; et la sûreté des accusés fut compromise. La crainte gagna les esprits, et l'Orateur lui même ne put se défendre d'un sentiment de terreur involontaire. Ces circonstances nous ont été transmises par l'Orateur célèbre, que Rome révérait toute entière, qui en fut le témoin oculaire. Cicéron chargé de plaider la cause de Milon, Citoyen Romain, avoue que son courage est ébranlé, parce que la crainte s'est emparée de son esprit ; et il

7.

en explique la cause en ces termes : *hæc novi ju-dicii nova forma terret oculos qui , quòcumqué inciderint, pristinum morem fori , et veterem con-suetudinem judiciorum requirunt. Non enim con-sessus vester cinctus est , ut solebat ; non usitatâ frequentiâ stipati sumus.* Ces paroles s'appliquent d'une manière frappante à l'établissement des Tribunaux spéciaux , dont ils sont la peinture la plus exacte ; il est évident que l'Orateur Romain se trouvait dans une situation semblable à la nôtre. Quelle expression et plus forte et plus vraie , que cette antithèse : *novi judicii nova forma, pristinum morem , veterem consuetudinem !* Les premiers mots sont la réprobation de l'innovation actuelle ; les derniers sont un appel à l'ancienne institution , qu'un long usage a rendue plus chère et plus respectable. Ces mots : *non usitatâ fre-quentiâ stipati sumus ,* expriment avec énergie l'absence des Jurés , dont l'affluence ajouterait à la solemnité de l'instruction , et rassurerait l'inno-cence en péril de l'accusé , et la timide éloquence de l'Orateur. Obtenir l'abolition de ces Tribunaux extraordinaires , tel était le vœu de l'Orateur Romain ; ce que celui-ci désirait ; les Orateurs

Français, placés dans les mêmes circonstances, sont en droit de le réclamer.

Des considérations, il est vrai, ont motivé la création de ces Tribunaux; mais, elles, étaient erronées, et le but qu'on s'était proposé n'a pas été atteint. Pour s'en convaincre, il suffit de soumettre à l'examen la loi du 23 Floréal an X, qui est la moins dangereuse des deux lois rendues sur cette matière. Cette loi a eu pour but de prévenir le crime de faux, qu'on regardait alors comme très-fréquent; en accélérant la procédure, le jugement et l'exécution. Mais il n'était pas certain que le crime de faux fût alors aussi fréquent qu'on le prétendait. En effet, l'expérience de plusieurs Départemens prouve au contraire que, depuis plusieurs années, les accusations en faux étaient très-rares. Depuis que la loi du 23 Floréal an X a érigé les Tribunaux spéciaux, les procès de ce genre se sont multipliés. Par conséquent le crime de faux n'était pas fréquent, comme on l'a prétendu, et dans cette supposition même, l'établissement dont il s'agit n'a pas prévenu, ni arrêté ce genre de crime. La loi citée n'a donc pas atteint le but proposé. Il est évident que le Législateur a raisonné sur une

fausse hypothèse ; et voici la source de son erreur.
Les accusations en faux de toute espèce, se représentent constamment au Tribunal criminel de la
Seine. Mais cet exemple est unique, et n'a rien
d'étonnant. Paris est la seule ville infiniment po-
puleuse, qui renferme une multitude de personnes
n'ayant aucun moyen d'existence, que la probité
ou les mœurs puissent avouer. De-là naissent
l'habitude ou la nécessité de s'exercer à toutes
sortes de ruses et fourberies, que l'astuce invente,
et l'adresse exécute, et dont une infinité de circonstances préparent et facilitent le succès. Ces
occasions ne se représentent dans aucune autre
cité qui, n'offrant pas les mêmes causes de désordres et de corruption, ne peut pas produire les
mêmes résultats ; c'était donc une erreur de conclure de la multiplicité des crimes de faux, qui
se commettaient dans la Capitale, que ce genre
de crime était aussi fréquent dans les diverses
parties de la France.

Sur ces réflexions, on croira peut-être pouvoir
établir la nécessité des Tribunaux spéciaux dans
la Capitale ; et dans cette hypothèse, on fera con-
sister leur utilité, dans la célérité de la procédure ;

de la décision et du châtiment. Pour apprécier ces moyens d'utilité, il est indispensable de connaître auparavant le but de la procédure, et en quoi elle consiste. La procédure est la réunion des formalités que la loi prescrit, ou que l'équité commande. Son but est de faire cesser l'arbitraire, et de soustraire ainsi le Juge à l'empire de sa volonté propre. Ses effets garantissent l'accusé de la légèreté ou de la négligence du Magistrat, à qui la loi ordonne de suivre une règle invariable, et d'agir par conséquent d'une manière uniforme et constante. La rareté des formalités est donc nuisible à l'accusé; leur multitude au contraire lui est infiniment favorable; et le Législateur ne peut l'en priver, car « les peines, les dépenses, » les longueurs de la justice, sont le prix que » chaque Citoyen donne pour sa liberté. » Or, la célérité de la procédure est l'effet de la réduction des formalités; par conséquent la célérité de la procédure est nuisible à l'accusé. Sous ce rapport, la juridiction du Tribunal spécial compromet la sûreté de l'accusé. En effet, la suppression des formalités ne peut être légitime, que dans l'hypothèse où l'accusé est évidemment l'auteur

du délit constaté. Or, ce cas est rare ; quelquefois
l'accusé n'est pas coupable ; la loi le présume
toujours innocent ; elle ne considère que l'universalité des accusations, sans s'occuper des exceptions
qu'elle ne peut même pas prévoir ; elle prononce
uniformément sur toutes ; par conséquent ces suppressions ou réductions générales de formalités
sont illégitimes ; et la loi qui les prononce, en
créant les Tribunaux spéciaux, compromet l'innocence de l'accusé.

L'établissement des Tribunaux criminels spéciaux, ayant eu pour but de prévenir et d'arrêter
le crime de faux, et les moyens consistant dans
le choix des Juges, la simplicité de la procédure,
la célérité du jugement et la promptitude du châtiment, l'augmentation de peine était inutile.
Ainsi, on ne peut concevoir le motif qui a porté
le Gouvernement à proposer d'y ajouter la flétrissure. En effet, si la célérité dans le jugement
et son exécution, a dû remplir dans l'esprit du
Législateur l'objet qu'il s'était proposé, infliger une
peine additionnelle, était une disposition inutile,
et par conséquent injuste. S'il a pensé au contraire
que le choix des Magistrats, la simplicité de la

procédure, la célérité du jugement et la promptitude du châtiment, n'atteignaient pas le but désiré, alors l'augmentation de peines a pu être jugée nécessaire, ou du moins entrer en considération et devenir l'objet d'un examen particulier ; mais dans ce cas, l'établissement des Tribunaux spéciaux devenait évidemment inutile, et n'était plus qu'une atteinte gratuite, portée à l'institution du Jury. Dans la première hypothèse, la création des Tribunaux spéciaux pouvait être ordonnée dans l'opinion du Législateur ; mais il devait laisser appliquer les peines ordinaires, déterminées par le Code pénal. Dans la dernière hypothèse, l'institution du Jury devait conserver l'attribution donnée à ces Tribunaux ; et la tâche du Législateur se bornait alors à discuter la nécessité d'une augmentation de peines.

Au lieu de s'en tenir à l'un de ces deux moyens, il les a cumulés ; et changeant la forme de la procédure et du jugement, il a ajouté un supplément de peines. Il consiste dans le rétablissement de la *marque*, mesure qui ne peut être appuyée sur aucun raisonnement solide, ni sur aucun motif déterminant. En effet, la loi du 23 Floréal an X prononce la flétrissure contre celui qui est convaincu du crime de faux ; quoique jusqu'alors aucune accusation ne se soit élevée contre lui ; ce qui est une rigueur réprouvée par l'équité : 1.º parce qu'il existe une multitude de crimes qui ne sont pas moins graves que le crime de faux ; 2.º parce que la peine des fers n'étant alors prononcée que pour un petit nombre d'années, et le condamné devant rentrer dans la société, et même y être *réhabilité*, il est injuste qu'il porte la trace permanente d'une peine perpétuelle, tandis que la loi a voulu au contraire que la peine fût temporaire, et que la *tache* du condamné fût *effacée* par l'expiation de son crime, c'est-à-dire par l'expiration de la peine qui lui a été imposée. L'Assemblée Constituante, en abolissant la peine de la *marque*, avait considéré que, lorsque la loi établit une peine limitée dans sa durée, elle reconnaît nécessairement que le coupable peut se corriger ; c'est le motif qui permet de le restituer d'abord à la société ; puis sur l'attestation légale de sa bonne conduite, de le *réhabiliter* même dans ses droits politiques. Or, si l'individu qui s'est rendu coupable une seule fois, d'un crime emportant

une peine temporaire, peut et doit se corriger ;
s'il a subi sa peine, et par conséquent expié son
crime, et effacé la tache qui en résultait ; si
étant rendu à la société, il s'est effectivement
corrigé, en tenant une conduite non seulement
régulière, mais encore irréprochable ; si ces faits
reconnus légalement, lui ont fait obtenir unani-
mement la réhabilitation dans ses droits politiques,
et la confiance ultérieure de ses Concitoyens ; on
conviendra nécessairement qu'il eût été injuste et
même cruel de lui imprimer une flétrissure inef-
façable, et que la loi qui l'aurait ordonnée, serait
contraire au principe constitutif des empires, qui
ne permet d'infliger que des *peines strictement et
évidemment nécessaires*. Or, ces circonstances,
on ne peut le nier, peuvent arriver et se représenter plusieurs fois ; il y a plus, la loi établit
une présomption légale de l'événement et de la
réunion de ces mêmes circonstances, dans tous
les cas de condamnation à peine temporaire. On
ne peut donc s'empêcher de reconnaître que la loi
du 23 Floréal an X a outre-passé sur ce point les
bornes de la rigueur et de la sévérité, établies par
l'équité. L'Assemblée Constituante, à laquelle ces

7 *

considérations n'ont point échappé, a prononcé l'abolition de la peine de la *marque*, et y a substitué une peine infamante d'une autre nature, qui ne laissant aucune trace extérieure, permet au coupable devenu meilleur, de rentrer après l'expiration de sa peine et sa réhabilitation, dans la plénitude de sa première existence, et de paraître sans rougir, au milieu de ses Concitoyens, dont il pourra désormais réunir les suffrages. Telle est l'exposition aux regards du peuple, usitée depuis 1792.

D'autres considérations non moins déterminantes, légitiment l'abolition de la *marque*, qui fut prononcée en 1791, à l'époque où un Code positif punissait les crimes d'une manière uniforme. Ces considérations sont puisées dans le mode adopté par le Législateur qui, méconnaissant les espèces pour ne s'attacher qu'aux genres, prononce indépendamment des circonstances, la même peine contre toutes les espèces de faux, qui portent le même caractère. Or, s'il est trop rigoureux d'infliger une peine égale à deux coupables qui ont commis chacun un faux, dont les circonstances entièrement dissemblables, constituent d'un côté un crime très-

grave, et de l'autre un délit excusable ; certes,
il est injuste et cruel d'ajouter une infamie perpétuelle à la peine de celui-ci, qui peut-être n'est
pas une action réprouvée par la morale, à laquelle
par conséquent l'opinion publique n'attache pas
l'infamie. Tel est le reproche que mérite la loi
du 23 Floréal an X, qui prononçant la flétrissure
contre toute espèce de faux, confond celui qui aura
contrefait le sceau de l'Etat, avec l'individu qui
aura fabriqué un faux acte de naissance, pour éviter
le service militaire ; punit avec la même rigueur
la personne qui se sera servi d'un faux passe-port,
et le Ministre qui aura commis un faux dans
l'exercice de ses fonctions ; ce qui est le renver-
sement de toutes les idées raisonnables. En effet,
ne doit-on pas établir un intervalle immense,
entre la contrefaction du sceau de l'Etat, ou la
prévarication criminelle d'un Ministre, et l'action
de s'être soustrait au service militaire, ou l'usage
d'un faux passe-port ? Les deux premiers crimes
sont réprouvés par la morale, et l'opinion publique les a en exécration ; les deux derniers au
contraire sont excusés par elle, parce qu'ils ne
sont que des contraventions à des réglemens d'Ad-

ministration publique, et que d'ailleurs, considérés
isolément, ils ne portent aucune atteinte à la
propriété individuelle, et nuisent faiblement à la
chose publique. Cependant ils ne doivent pas rester
impunis; ce serait un exemple funeste. Mais ils
ne méritent qu'une peine analogue à leur nature
et sur-tout proportionnée à leurs effets. Elle ne
doit pas être celle des crimes très-graves qu'on
vient d'articuler, ni par conséquent plus rigoureuse
que celle du voleur et du brigand, dont l'action
vile a la bassesse pour principe, et la spoliation
d'autrui pour résultat, et que cependant le Législateur n'a pas flétris. L'équité, d'accord avec la
raison, défend d'appliquer à ces délits une peine
infamante, qui tirant toute sa force de l'opinion
publique, ne peut, par ce motif, être prononcée
contre ces mêmes délits auxquels l'opinion publique
n'attache pas l'infamie. Infliger des peines infamantes à des actions qui ne sont pas réputées
infâmes, c'est diminuer dans celles qui le sont,
le sentiment d'indignation qu'elles devraient faire
éprouver. L'équité défend aussi d'appliquer exclusivement à un genre de délit, une augmentation
de peines, qui n'est point prononcée contre des

délits plus graves. Or, la loi du 23 Floréal an X, ne prononce pas la flétrissure contre le brigand et le voleur à force ouverte, ni contre une multitude d'autres coupables. Par conséquent elle n'a pu, sans injustice, réserver cette peine à l'universalité des crimes de faux, et singulièrement à chaque espèce, sans distinction de circonstances et de plus ou moins de gravité. Cette confusion peut avoir des effets pernicieux. En effet, si l'on voit punir de la même manière des délits différens; si les plus graves sont réprimés avec moins de rigueur; bientôt on ne distinguera plus les crimes; et les sentimens moraux, si difficiles à inspirer aux hommes, si lents à se graver dans leur cœur, s'évanouiront insensiblement. Alors s'écroulera de lui-même, le vaste édifice de la morale, ouvrage de tant de siècles; cimenté de tant de sang, élevé et appuyé sur les motifs les plus sublimes, et soutenu par l'appareil des plus imposantes formalités.

La loi du 23 Floréal an X, prononce aussi la peine de la *marque* contre ceux qui, après avoir subi une première condamnation, commettent de nouveaux crimes. Mais cette peine est substituée à celle que l'Assemblée Constituante avait infligée à la récidive. Ainsi, le Législateur se montre plus indulgent que celle-ci, dans la circonstance qui méritait la plus grande sévérité. En effet, dans ce cas, l'Assemblée Constituante avait jugé le coupable incorrigible, et par ce motif elle l'avait condamné à être déporté dans un lieu où il resterait toute sa vie. De cette manière, la société ne devait plus craindre sa présence, ni ses attentats; et les travaux du coupable devenaient un objet d'utilité publique. La loi citée, au contraire, a cet inconvénient, que le coupable qui a successivement commis deux ou trois crimes, et a subi la peine infligée au dernier, rentre parmi les hommes, et va recommencer indubitablement le cours de ses excès. A cet égard, la prévoyance de l'Assemblée Constituante l'emporte évidemment sur les motifs qui ont dicté cette partie de la loi du 23 Floréal an X,

Tous ces détails et les réflexions sans nombre qui en dérivent, manifestent les inconvéniens et les dangers des lois des 18 Pluviôse an IX, et 23 Floréal an X. Ils démontrent la nécessité d'anéantir le double établissement qu'elles ont créé.

Les effets pernicieux de ces Tribunaux, les justes
craintes qu'ils inspirent, les vives inquiétudes
qu'ils font concevoir, sont autant de motifs puis-
sans, qui proclament l'urgence de leur abolition,
que l'on regarde avec raison comme le premier
et le principal moyen de perfectionner l'institution
du Jury.

Le second moyen qui est moins important, et
mérite néanmoins de fixer l'attention du Législateur, consiste dans la formation de la liste des
Jurés, qu'on accuse de négligence, mais qui décèle
plutôt le vice des moyens employés pour la composer. En effet, ce vice réside dans la loi du
mois de Germinal an VIII, qu'il est nécessaire
d'analyser. Cette loi donne l'initiative aux Juges
de paix, et leur prescrit de choisir dans leur
canton, un nombre de Citoyens proportionné à la
population, et triple du nombre de Jurés que ce
canton doit fournir. Cette liste envoyée au Sous-
Préfet de l'arrondissement ; est par lui réduite aux
deux-tiers, et transmise au Préfet du Département,
qui, par la voie du sort la réduit à moitié. Ce
mode est évidemment contraire à la raison. En
effet, les cantons ruraux fournissent proportion-

nellement le même nombre de Jurés, que les
villes les plus populeuses. Or, il est évident que
la plupart des habitans de la campagne sont inhabiles à ces fonctions, tandis qu'au contraire les
Citoyens des villes, formés par l'éducation, instruits
par l'usage continuel des affaires, éclairés par la
connaissance des hommes et des choses, qu'un
rapprochement et une rencontre mutuels occa-
sionnent tous les jours, sont tous plus ou moins
capables d'en remplir le ministère avec discer-
nement. Par conséquent il convenait de n'appeller
aux fonctions de Jurés, que le petit nombre des
Citoyens répandus dans les bourgs, que leurs
lumières en rendaient dignes; et d'inscrire sur la
plus grande partie de la liste, les nombreux Citoyens des villes, dont la réunion présente un
choix étendu. Tel était le mode indiqué par l'Assemblée Constituante. Elle n'avait point forcé de
choisir les Jurés dans tel canton ou dans telle
commune; elle avait à cet égard laissé toute la
latitude possible aux Membres des Administrations
de District et de Département. Elle leur ordonnait
de prendre pour base de leur choix, leurs connaissances personnelles, et ne leur prescrivait
aucune

aucune obligation, si ce n'est de ne donner leur confiance qu'à des Citoyens âgés de vingt-cinq ans, et réunissant les qualités requises pour être électeurs. La loi du 3 Brumaire an IV avait conservé ce mode, et y avait ajouté la nécessité de l'âge de trente ans. Alors les Administrations de Département n'étaient point tenues de prendre les Jurés dans une commune plutôt que dans une autre. Mais cette loi avait deux inconvéniens, dont l'Assemblée Constituante avait su se garantir. Celle-ci bornait à deux cents la liste du Jury de jugement ; là loi du 3 Brumaire an IV en proportionne le nombre à la population ; ce qui donne trois cents Citoyens pour chaque Département d'une population moyenne, et porte la liste jusqu'à huit cents dans le Département le plus peuplé. Or, il est évident que le nombre des Citoyens éclairés est borné, et que l'inscription d'une multitude de personnes, suppose des choix médiocres. Par conséquent la raison indiquait encore de ne point étendre la liste des Jurés, mais bien de la restreindre.

Le deuxième inconvénient de la loi du 3 Brumaire an IV, consiste dans la réunion des listes du Jury d'accusation, pour en former la liste générale du Jury de jugement. Alors deux réflexions se présentent : 1.° ces deux fonctions étant différentes, tel n'a pas les lumières requises pour le Jury de jugement, qui peut néanmoins remplir les fonctions de Juré d'accusation. De cette réunion des deux espèces de liste dans une seule, il a dû résulter que les fonctions du Jury de jugement ont été souvent remplies par des personnes qui auraient dû être réservées pour le Jury d'accusation. 2.° Le service du Jury d'accusation exigeant une liste assez étendue, les Arrondissemens composés entièrement de communes rurales, ont rivalisé sur la liste générale du Jury de jugement, avec ceux qui renfermaient des villes populeuses ; il en est résulté que les villages ont fourni un trop grand nombre de Jurés, et que dans cette proportion, les villes en ont donné trop peu. Ces inconvéniens avaient encore été évités par l'Assemblée Constituante. Elle avait séparé la liste du Jury d'accusation de celle du Jury de jugement, et elle en avait attribué la confection à des Autorités différentes : la première à l'Administration du District, et la seconde à l'Administration du Département. Le vice le plus grave qu'on reproche à l'usage actuel, a son origine dans l'obligation imposée à chaque Juge de paix, de porter sur sa liste, un nombre de Citoyens, triple de celui que son canton doit fournir. Cette méthode a ce danger, que s'il ne se trouve dans le ressort que trois Citoyens capables de remplir les fonctions de Jurés de jugement, ce qui peut arriver souvent dans les campagnes, tandis que la liste du Juge de paix doit en contenir neuf, celui-ci se trouve dans la nécessité d'inscrire six personnes inhabiles. S'il arrive que le Sous-Préfet ne connaisse pas ces Citoyens, peut-être exclura-t-il ceux qui sont les plus éclairés; et si cet inconvénient n'a pas lieu, ceux-ci maintenus sur la liste partielle, seront peut-être exclus par la voie du sort toujours aveugle. Ainsi, les bonnes intentions du Magistrat pacifique, et les efforts de l'Administrateur local, échoueront devant l'autorité impuissante. Telle est la déplorable perspective, offerte par le Législateur, que la loi du mois de Germinal an VIII a continuellement réalisée.

Faire cesser ces résultats nuisibles, tel est le vœu des Citoyens éclairés de toutes les parties de la France; telle est l'œuvre importante proposée par le Tribunal de cassation, à la médilation du Gouvernement. Pour atteindre le but désiré, de longues recherches ne sont pas nécessaires; une expérience de douze années nous a instruits. L'Assemblée Constituante, qui la première a médité sur cet objet, a employé des moyens que le temps a éprouvés; ils peuvent encore nous servir de modèle, en mettant à profit néanmoins les leçons qu'un long usage et les circonstances passées nous ont données. Ainsi, en imitant l'exemple de cette Assemblée célèbre, il conviendra d'isoler les listes du Jury d'accusation, et de les distinguer de celle du Jury de jugement, en attribuant leur confection à des Autorités différentes. Alors les Citoyens des campagnes, appelés à remplir les fonctions de Jurés d'accusation, ne feront plus nécessairement partie de la liste qui doit servir pour le Jury de Jugement. Jusqu'à ce moment, la confection de ces listes avait été attribuée à l'Autorité administrative. Il a dû paraître étonnant que cette Autorité eût de l'influence sur l'exercice du pouvoir judiciaire, qui lui est entièrement étranger. L'expérience a d'ailleurs fait connaître que les Corps administratifs ont souvent rempli avec insouciance

cette tâche importante qui, plus d'une fois, a été
abandonnée à des subalternes, puis revêtue du
cachet de l'Autorité. Ces fonctions appartiennent
naturellement à l'Autorité judiciaire, qui les rem-
plira avec zèle, parce qu'elle en connaît mieux
l'importance. Mais le système de la division des
pouvoirs, répandu dans l'institution du Jury, ne
permet pas de les attribuer aux Juges criminels
devant lesquels le sort de l'accusé doit être décidé.
Elles doivent être réservées aux Magistrats civils,
qui connaissent d'avantage les Citoyens notables
de leur arrondissement. Ainsi, chaque Tribunal
de première instance formera la liste du Jury
d'accusation de son arrondissement, sans autre
règle que ses connaissances personnelles, et la
composera de vingt-cinq Membres au moins, sans
distinction de lieu, ni proportion de population.

La liste du Jury de jugement sera formée par
le Tribunal civil du lieu où le Tribunal criminel
est établi. Ce Tribunal y procédera d'après les
connaissances personnelles de chacun de ses
Membres, et sans autre règle que leur conscience.
Pour parvenir à cette opération, il se fera donner
tous les renseignemens qu'il jugera convenables,

Il pourra porter sur la liste du Jury de jugement,
ceux qui sont inscrits sur celle du Jury d'accusation. Son choix ne doit point être limité à un
petit nombre de Citoyens ; ni resserré dans une
classe particulière d'individus ; parce que ce serait
prononcer une exclusion mal fondée, contre une
multitude de personnes éclairées, que la fortune
a disséminées dans les diverses classes de la société.
Tous les Citoyens âgés de trente ans, que ce
Tribunal aura jugés capables, peuvent et doivent
y être admis, indépendamment de leur qualité de
fonctionnaires publics. L'équité n'établit d'incom-
patibilité, que dans la personne des Membres des
Tribunaux criminels et des Tribunaux civils de
première instance, auxquels l'instruction des procès
criminels est familière. Les autres fonctionnaires
administratifs ou judiciaires ne doivent s'en abste-
nir, que dans le cas où ils ont fait un acte
de procédure, dans l'affaire pour l'examen de
laquelle ils sont appelés. Le nombre de ceux qui
seront inscrits sur la liste du Jury de jugement,
ne doit pas être déterminé dans la proportion de
la population ; sa fixation doit être laissée à la
prudence du Tribunal qui formera la liste, en lui

observant que ce nombre ne doit pas être inférieur
à cent, ni excéder trois cents. Le Tribunal, en
procédant à la formation de la liste, pourra choisir
une multitude de Citoyens dans la même ville,
et n'en point prendre dans un ou plusieurs cantons ; il sera par conséquent dispensé de suivre
dans son choix, l'égalité proportionnelle entre les
arrondissemens. Tels sont les moyens que l'Assemblée Constituante avait adoptés, pour la formation de la liste du Jury de jugement, et que
l'expérience redemande aujourd'hui

! Ce qui précède ne concerne que la composition
du Jury ordinaire tant d'accusation que de jugement.
Une réforme entière n'est pas moins indispensable
dans le choix du Jury spécial, dont le mode
actuel n'est point en harmonie avec les motifs
et le but, qui en avaient provoqué la distinction
et l'établissement. L'Assemblée Constituante avait
remarqué que plusieurs délits exigeaient, dans leur
examen et dans le jugement qu'on devait porter
à cette occasion, des lumières et une habileté supé-
rieures à celles des Jurés ordinaires. C'est pourquoi,
après avoir attribué à un Magistrat particulier,
la poursuite et l'instruction de ces crimes, elle

ordonna que chacun d'eux serait soumis à un Jury spécial, tant d'accusation que de jugement, qui serait formé pour chaque affaire. De cette manière, le jugement fut à l'abri de l'erreur, et les droits de la société et de l'accusé ne furent point compromis. Cette disposition, que la raison avait commandée, fut maintenue lors de la rédaction de la loi du 3 Brumaire an IV, et fut étendue à plusieurs délits. L'Assemblée Constituante, en établissant un Jury spécial, formé pour chaque affaire, avait prévu que la malignité pourrait en abuser ; c'est pourquoi elle avait autorisé la récusation générale de la liste. Mais l'admission de cette récusation étant au pouvoir du Tribunal, le remède indiqué par cette Assemblée, et maintenu par la loi du 3 Brumaire an IV, était devenu insuffisant. Le temps avait fait connaître les abus de cette mesure utile, et les résultats déplorables que la méchanceté ou l'esprit de parti en avaient su tirer ; le Législateur résolut donc de faire cesser ce dangereux inconvénient. Pour y parvenir il rendit, au mois de Germinal an VIII, une loi qui assimile la formation de la liste du Jury spécial, à la composition de celle du Jury ordinaire. En effet, l'une et l'autre est formée de la même manière, et par les mêmes Autorités, à la fin de chaque trimestre, pour servir pendant les trois mois suivans, au jugement des procès qui sont respectivement attribués à l'un et l'autre Jury. De cette disposition nouvelle résultent deux inconvéniens :

Le premier, qui est commun à la formation actuelle du Jury ordinaire, consiste en ce que 1.° les personnes de la campagne sont nécessairement admises sur la liste du Jury spécial ; ce qui est un vice radical. 2.° Ceux qui sont portés sur la liste du Jury spécial d'accusation, font nécessairement partie de celle du Jury spécial de jugement, quelque soient la différence de ces fonctions et le degré de lumières qu'elles requièrent. Ainsi le but du Législateur n'est pas rempli.

Le deuxième inconvénient consiste en ce que la liste du Jury spécial est unique, et s'applique par conséquent à tous les procès criminels, déterminés par le titre XIII du Code du 3 Brumaire an IV ; alors le but du Législateur n'est point encore rempli, dans la supposition même où la liste générale serait aussi bien composée qu'on pût le désirer. En effet, les Citoyens désignés pour

l'examen d'un genre d'accusation, se trouvant
confondus dans la même liste, avec une multitude de personnes destinées à l'examen des autres
genres d'accusation, il arrive alors (l'expérience l'a
démontré) que le Tribunal criminel, saisi d'une
accusation de concussion ou péculat, tirant au
sort sur la liste ainsi formée d'avance pour douze
ou treize genres d'accusation, le tableau du Jury
spécial de jugement ne contient que des Citoyens
destinés à l'examen des autres genres d'accusation,
par conséquent dépourvus des connaissances relatives à l'accusation actuelle. Alors l'accusé se trouve
indirectement, mais dans la réalité, soumis par
l'événement du sort et le vice de la loi, à l'examen
et au jugement d'un Jury ordinaire, et le vœu
de l'Assemblée Constituante est trompé.

On ne doit pas se dissimuler que le Législateur
se trouve maintenant entre deux écueils : le vice
de la loi du mois de Germinal an VIII, et celui
de la loi du 3 Brumaire an IV. La première de
ces deux lois n'atteint nullement le but qu'on s'est
proposé ; celle-ci le remplit parfaitement, mais
compromet le sort de l'accusé. Dans cette alternative, la loi du 3 Brumaire, qui reproduit le

mode indiqué par l'Assemblée Constituante, et atteint le but proposé, doit évidemment l'emporter. La tâche du Législateur se borne alors à faire cesser les inconvéniens justement redoutés par l'accusé.

La loi du mois de Germinal an VIII, en ordonnant de former à l'avance la liste du Jury spécial, pour toutes les accusations y relatives, qui seront éventuellement présentées au Tribunal criminel, pendant le cours du trimestre suivant, a garanti l'accusé des effets pernicieux de la haine, dont les années précédentes avaient donné de funestes exemples. Le Législateur n'avait plus qu'un pas à faire, et il avait atteint le but désiré. Il consiste à former un tableau général des accusations soumises au Jury spécial ; à le diviser en autant de parties qu'il y a de genres d'accusation, attribués à ce Jury ; et à former, pour chaque genre d'accusation, une liste particulière de Citoyens spécialement destinés à l'examen et au jugement de ce genre d'accusation. Ces listes particulières ou portions de la liste générale, destinées à former le tableau du Jury de jugement, contiendront trente Citoyens, ayant les connaissances nécessaires pour prononcer sainement sur ce genre de délits. Celles qui seront destinées à former le tableau du Jury d'accusation, en contiendront seize. Celles-ci seront formées par le Tribunal civil de première instance de l'arrondissement, et les premières, par le Tribunal civil du lieu où siége le Tribunal criminel. Ces Tribunaux useront de toute la latitude dont il a été parlé ci-dessus, et pourront porter plusieurs Citoyens sur la plupart des listes partielles, s'ils reconnaissent en eux les lumières, requises pour l'examen de ces diverses accusations.

En conséquence, les Tribunaux ci-dessus indiqués formeront deux listes, l'une de Jurés d'accusation, et l'autre de Jurés de jugement, pour chaque genre de délit ci-après indiqué :

1.° Pour les attentats contre la liberté ou la sûreté individuelle des Citoyens.

2.° Pour ceux qui seront commis contre le droit des gens.

3.° Pour la rebellion à l'exécution des jugemens ou actes exécutoires, émanés des Autorités constituées.

4.° Pour les troubles occasionnés, et les voies de faits, commises, pour entraver la perception des contributions.

5.º Pour les troubles occasionnés, et les voies de faits commises, pour entraver la libre circulation des subsistances et autres objets de commerce.

6.º Pour le faux en écriture.

7.º Pour le faux consistant en fabrication.

8.º Pour la banqueroute frauduleuse.

9.º Pour le vol d'associés ou commis, en matière de finance, commerce ou banque.

10.º Pour la concussion.

11.º Pour le péculat.

12.º Pour la forfaiture.

13.º Pour un délit consistant dans un écrit imprimé.

A cette série, il convient d'ajouter une quatorzième espèce qui est l'infanticide. L'expérience a prouvé que les traces de ce crime échappaient presque toujours à la pénétration des Jurés ordinaires, et ne pouvaient d'ailleurs être bien appréciées que par des Officiers de santé, qui peuvent seuls en saisir toutes les circonstances.

La plupart de ces délits étant de nature à se représenter rarement, même dans la Capitale, il suffira de renouveller tous les six mois, les listes du Jury d'accusation et du Jury de jugement.

L'énonciation de tous ces crimes, leur variété, leur dissemblance, prouvent évidemment la nécessité des listes partielles ci-dessus indiquées. En effet, les Citoyens désignés pour examiner une accusation de banqueroute ou vol d'associés, sont inhabiles à apprécier le mérite des accusations de forfaiture et d'attentat à la liberté individuelle. Ceux qui peuvent juger d'une concussion ou d'un péculat, n'ont pas les lumières requises, pour examiner un attentat contre le droit des gens. Enfin, celui qui peut apprécier un faux en écriture, n'a pas les connaissances nécessaires pour prononcer sur un faux consistant en fabrication de monnaie, sceaux, poinçons, matrices, etc. ; il est donc déraisonnable de les confondre dans une liste générale.

Tels sont les principaux moyens de perfectionner l'institution du Jury. Il en existe quelques autres dont l'expérience a fait éprouver le besoin, et que l'équité réclame également. Ils concernent l'instruction qui se fait devant les Jurés. Le premier de ces moyens consiste à présenter les témoins devant le Jury d'accusation, pour être entendus de vive voix par ceux qui le composent. De cette manière, les Jurés peuvent apprécier les termes, les gestes même des témoins, et la manière naïve avec laquelle chacun d'eux s'est exprimé. Une forte impression se forme alors dans l'esprit des Jurés, qu'une lecture ennuyeuse ou insignifiante ne pénètre jamais, et dont elle ne fixe point le jugement. Ces avantages sont perdus dans les déclarations écrites qui, étant une rédaction du Juge, n'ont plus ce caractère ; et cette expression originale, qu'on ne retrouve que dans la bouche de l'habitant des campagnes. La formalité de faire paraître les témoins devant le Jury d'accusation, pour y déposer oralement, n'est point nouvelle. L'Assemblée Constituante l'avait ordonnée formellement ; et la Convention Nationale, en maintenant cet usage, avait défendu de mettre sous les yeux des Jurés, soit indirectement, soit partiellement, les déclarations écrites des témoins. Cet usage subsista pendant neuf années, et ne fut aboli qu'au mois de Pluviôse an IX, par un article de la loi qui établit les Magistrats de sûreté. Cette abolition, qui ne paraissait fondée sur aucun motif, éprouva de vives oppositions, appuyées sur les considérations qu'on vient de développer. L'expérience a réalisé les craintes qui furent alors manifestées. Le Jury

d'accusation , privé des principaux moyens, dé
s'éclairer , statuant dans l'incertitude, a plus d'une
fois acquitté les uns avec trop de légèreté, et
prononcé sur d'autres , avec une rigueur outrée.
Ce double inconvénient nuit également aux droits
de la société et aux intérêts de l'humanité. En
conséquence , l'une et l'autre réclame le rétablissement de l'usage introduit par l'Assemblée
Constituante , et recommandé par la Convention
Nationale.

Un autre moyen, qui tend à perfectionner l'institution du Jury , concerne la procédure qui se fait
devant le Tribunal criminel. A cet égard, le Tribunal de cassation se plaint de ce que cette
procédure est hérissée de formalités prescrites à
peine de nullité , dont plusieurs échappent à l'attention du Magistrat le plus exercé. On ne peut
disconvenir que ces reproches soient fondés. Mais on
doit observer aussi, que ces formalités nombreuses,
ordonnées à peine de nullité, ont été prescrites
à dessein, aux Tribunaux criminels ; parce que
devant ces Tribunaux, où la procédure est sur
le point d'être terminée, le sort de l'accusé va
être incessamment décidé. Dans ce moment
redoutable

redoutable, le Législateur s'est plu à garantir l'accusé contre la négligence et l'erreur, et même contre l'ignorance et la malignité. La réduction des formalités ne doit pas avoir lieu dans cette partie de l'instruction si importante pour l'accusé. Il en existe d'autres, où cette réduction peut s'opérer sans danger ; telle est la partie du Code des délits et des peines, qui contient les titres X, XI, XII et XIII, relatifs à la formation et convocation du Jury ordinaire et spécial d'accusation et de jugement. Le dernier article du titre XIII attache la peine de nullité à l'inexécution de la moindre disposition contenue dans ces quatre titres. Telle est la source d'une multitude de moyens de nullité, qui échappent souvent aux Magistrats, et dont les accusés savent profiter au besoin. C'est sans doute sur cet objet que portent les plaintes du Tribunal de cassation. Modifier cette partie du Code, et laisser subsister le mode actuel de la procédure devant le Tribunal criminel, c'est accorder au Ministre de la justice et à la sûreté de l'accusé, ce que l'un et l'autre a droit d'exiger.

Le Tribunal de cassation se plaint encore, et avec raison, de la multiplicité des questions souvent

9

inutiles, proposées aux Jurés. Une fausse interprétation de l'article 377 du Code du 3 Brumaire an IV, qui défend de poser *aucune question complexe*, et de la troisième partie de l'article 374, qui, reproduisant la loi du mois de Vendémiaire an III, ordonne de proposer une question intentionnelle ; enfin, l'erreur de quelques Tribunaux criminels, ont occasionné ces inconvéniens. Le Tribunal de cassation propose d'y remédier; et donnant dans l'excès opposé, il veut qu'on ne propose aux Jurés qu'une seule question ainsi conçue : *l'accusé est-il coupable?* Cette question, qui est la réunion du fait et de l'intention, est évidemment complexe, et par conséquent en opposition avec l'article 374 du Code, qui défend de poser *aucune question complexe*, et dont le maintien est indispensable. La Convention Nationale, instruite par une expérience de quatre années, connaissait le danger de proposer aux Jurés, une question susceptible d'être divisée et répondue de deux manières. Ceux-ci devant décider la question proposée, dans les mêmes termes, sans observations, ni modifications, éprouvaient des difficultés insurmontables, et après avoir été long-temps dans l'incertitude,

prononçaient une décision qui ne satisfaisait point
la raison, et nuisait également à la société ou à
l'accusé. Ces difficultés pénibles renaîtraient bientôt, si les Jurés composés d'hommes instruits,
mais inexpérimentés ou sans méthode, étant chargés
de prononcer indéfiniment si *l'accusé est coupable*,
étaient ainsi abandonnés à leurs propres lumières,
et réduits à prendre conseil de leurs idées, toujours
incohérentes entre douze personnes réunies au
hazard. Leur jugement alors a besoin d'un guide,
et ce guide consiste dans la différence des questions
que le Législateur a ordonné de leur proposer.
« Il y aurait, dit l'Assemblée Constituante, de
» grands inconvéniens à ne pas guider les Jurés,
» sur la position des questions qu'ils doivent se
» proposer. Il serait à craindre qu'ils n'en omissent
» d'essentielles, ou qu'il ne s'élevât entre eux
» des débats, sur la manière de les poser, pour
» en faire l'objet de leurs délibérations. Ces dif-
» ficultés prolongeraient beaucoup leur opération,
» et les jetteraient même dans des embarras, dont
» ils auraient peine à sortir. » Un exemple rendra
ces observations sensibles. Supposons une accusation d'homicide. Elle est susceptible des modifi-

cations les plus étendues. Le Législateur a reconnu que ce fait pouvait offrir toutes les nuances, que l'on peut concevoir entre un crime atroce et un acte légitime. C'est pourquoi il a distingué plusieurs espèces d'homicide : l'homicide commis par accident ; l'homicide commis par imprudence ou négligence ; l'homicide légal ; l'homicide légitime ; l'homicide volontaire ; l'homicide précédé de provocation violente ; l'homicide prémédité, et le parricide. Si les Jurés ne sont point guidés dans cette circonstance, ils se trouveront dans la nécessité de se proposer l'examen de ces diverses espèces, pour en faire l'application à la cause actuelle, et déterminer ensuite leur décision. Alors il en résultera une complication infinie dans leur délibération. N'est-il pas à craindre qu'ils se trompent alors, soit dans la définition de chaque espèce, soit dans l'application qu'ils en feront à l'action imputée à l'accusé? Ces inconvéniens deviendront plus dangereux, s'il existe des Jurés à qui la distinction des espèces de l'homicide soit inconnue. Alors les droits de la société et de l'accusé seront également compromis. Le mode actuellement suivi épargne aux Jurés des débats interminables, et la perte

inutile d'un temps précieux, qui en est la suite,
et à l'accusé, une erreur peut-être irréparable. Il a
d'ailleurs la sanction de douze années d'expérience;
sous tous les rapports, il est infiniment préférable
à la proposition du Tribunal de cassation.

D'un autre côté, la position de cette seule question : *l'accusé est-il coupable ?* exclurait l'examen
préalable de l'existence du fait énoncé dans l'acte
d'accusation ? Or, les Jurés, dit l'Assemblée Constituante, « avant de chercher, si l'accusé est cou-
» pable, doivent examiner si le délit est constant;
» car, en vain chercherait-on un coupable, s'il
» n'existait pas de délit. » De cette méthode per-
nicieuse, il résulterait que l'individu accusé d'un
délit qui n'est point constaté, succombant sous la
réunion des présomptions, serait condamné comme
coupable d'un crime peut-être imaginaire. L'expérience a démontré la possibilité de cet événement.

Un autre inconvénient, infiniment dangereux,
naîtrait de la position de cette seule question:
l'accusé est-il coupable? Alors serait introduit l'usage
des anciens Tribunaux, reprouvé avec indignation
par l'Assemblée Constituante, qui consistait à condamner indéfiniment l'accusé *pour les cas résultant*

du procès. Alors, le Jury, perdant de vue l'objet de son institution, contreviendrait involontairement aux articles 378 et 396 du Code, qui lui défendent de prononcer sur des faits qui ne seraient pas portés dans l'acte d'accusation. En effet, l'imagination des Jurés ayant été frappée par la déclaration orale des témoins qui s'expliquaient sur des faits étrangers à l'acte d'accusation, il arriverait souvent que le Jury se déterminerait par l'influence de ces dépositions, qui ne serait point écartée par la position insignifiante de cette question : *l'accusé est-il coupable ?* Alors le Juge éprouverait une pénible incertitude ; si le Jury déclarait l'accusé coupable, le Magistrat ne saurait de quel délit il aurait été convaincu, il prononcerait aveuglément une peine souvent mal appliquée.

D'ailleurs, les dispositions des lois pénales exigent que les Jurés soient consultés, et répondent sur les circonstances qui aggravent le crime, ou en atténuent l'énormité. Le Tribunal de cassation, il est vrai, a prévu cette objection, et propose de remettre au Tribunal criminel, le pouvoir arbitraire de prononcer les peines déterminées par la loi. Mais ce remède est pire que l'inconvénient que

le Tribunal de cassation prétend exister. En effet,
ces peines sont graduées avec méthode ; pour en
déterminer la durée, le Tribunal criminel aura
donc le droit de suppléer à la déclaration des Jurés?
Il sera donc forcé de préjuger l'opinion de ceux-ci
sur les circonstances du délit ; car le Jury, suivant
l'expression de l'Assemblée Constituante, « n'aura
» rien fait pour la vérité et pour l'application de la loi,
» s'il n'a fait que déclarer : *l'accusé est coupable* ; »
puisqu'il restera encore à savoir si son action a été
déterminée par des circonstances atténuantes, ou si
elle a été le résultat d'un crime impardonnable. Or,
cette mesure partagerait le pouvoir que la loi a
réservé tout entier au Jury ; le Tribunal criminel
recommencerait la discussion que le Jury vient de
terminer, et il pourrait arriver que le Tribunal décidât contre l'accusé des circonstances ou qualifi-
cations, que le Jury aurait tacitement appréciées en
sa faveur. Alors, le Tribunal plus sévère que le
Jury, deviendrait le réformateur de la décision de
celui-ci, à laquelle au contraire il doit être soumis.
Alors l'économie de l'institution du Jury serait in-
tervertie dans sa base, et bientôt anéantie.

On objectera que cette manière de juger l'accusé,

en prononçant seulement qu'il est coupable, n'est pas une idée neuve; que depuis long-temps ello est en usage dans les Tribunaux militaires. Deux observations écartent cette objection. 1.° Les militaires forment une classe séparée des autres Citoyens. Les uns et les autres, sont régis par des lois différentes : ceux-ci par des lois douces, qui ont pour objet d'inspirer la pratique des vertus civiles et politiques; et les premiers, par des lois rigoureuses, qui constituent la discipline militaire, commandent l'obéissance absolue, et inspirent la terreur. Aussi, le Législateur a-t-il constamment établi une démarcation évidente entre l'état civil et l'état militaire. La loi du 3 Brumaire an IV, qui règle la conduite des Tribunaux Français, a retracé cette ligne de démarcation, en ces termes : article 14. « Les délits » qui se commettent dans l'armée de terre et de » mer, sont soumis à des lois particulières, pour » la forme des procédures et des jugemens, et pour » la nature des peines. » 2.° Les Tribunaux militaires, après avoir déclaré *l'accusé coupable,* examinent toujours *s'il est excusable.* Or, si le Législateur veut s'appuyer de l'exemple des Conseils militaires, dans le choix du mode qu'il adoptera

pour le jugement des Citoyens, par une conséquence nécessaire, il doit ordonner au Jury de
jugement, d'examiner et prononcer *si l'accusé est
excusable.* Alors, l'inconvénient qu'on a démontré
subsistera; mais le danger en sera tempéré.

Le moyen proposé par le Tribunal de cassation
ne pouvant balancer les avantages de la méthode
actuelle, celle-ci doit être maintenue ; mais il
convient de faire cesser les abus que ce Tribunal
a signalés. On doit se rappeller qu'ils consistent
dans la multiplicité des questions proposées aux
Jurés. Une partie de ces questions étant inutile,
le remède est facile à trouver; il consiste à les
supprimer. On a observé que cette surabondance
de questions prenait sa source dans l'article 377
du Code, qui défend de poser *aucune question complexe;* dans l'article 374 du Code, et la loi du
mois de Vendémiaire an III, qui ordonnent de poser
constamment une question intentionnelle ; enfin,
dans l'erreur de quelques Tribunaux. On peut ajouter
que ces erreurs, et l'extension donnée aux articles
374 et 377 du Code, ont été occasionnées par les
décisions que le Tribunal de cassation lui-même a
rendues pendant trois ou quatre ans. Il importe de

rétablir le sens de ces articles, et de tracer la marche à suivre par les Tribunaux criminels, dans la suppression future des questions jugées sura+ bondantes.

Une question n'est *complexe*, que lorsqu'elle est susceptible de se diviser en deux parties, dont l'une peut être répondue affirmativement, et l'autre décidée négativement. Si l'on fait l'application de cette définition aux accusations les plus ordinaires, qui sont : le vol, l'homicide, l'incendie et l'empoi+ sonnement ; on en conclura 1.º que la question relative à l'existence d'un empoisonnement, ne doit pas être divisée, mais qu'elle doit être ainsi conçue : *y a-t-il eu homicide par poison ?* parce que dans cette accusation, le moyen et l'exécution sont in+ divisibles. 2.º S'il y a plusieurs accusés, cette ques+ tion ne doit point être répétée pour chacun d'eux, comme l'ont fait quelques Tribunaux. 3.º Il est superflu de proposer aux Jurés la question de pré+ méditation, dans une accusation d'empoisonnement; le Code n'en requiert point la position. 4.º Lors+ qu'un homicide a été commis successivement et sans intervalle, sur les différentes personnes de la même habitation, on doit cumuler dans la première question les différens homicides commis au même lieu, et ne pas répéter les questions proposées à raison du premier crime ; pour en former trois ou quatre séries. 5.° Lorsque le crime a été commis par deux ou plusieurs personnes ; il est inutile de répéter pour chacune, les questions relatives à la moralité du fait ; il suffit de demander une seule fois, *si l'homicide a été commis volontairement*, et *s'il a été commis avec préméditation ;* parce que l'homicide prémédité par l'un, l'a été nécessairement par tous, et que s'il en était autrement décidé, le co-accusé qui est évidemment complice de son co-accusé, serait puni plus sévèrement que le principal auteur ; ce qui est réprouvé par la loi. 6.° Lorsqu'un individu est accusé d'incendie, le Tribunal ne doit pas poser trois questions intentionnelles, relatives à *la méchanceté*, *à la vengeance et au dessein de nuire à autrui ;* mais il doit se borner à en proposer une seule au Jury, ou les cumuler dans une seule ; car il est ridicule de penser qu'un incendie soit *excusable,* parce qu'il n'a été commis que *méchamment,* mais *sans vengeance.* 7.° Dans les accusations de vol, la première question doit être ainsi conçue : *y a-t-il eu vol d'objets, etc. ?* Elle ne

doit être posée en ces termes : *des objets ont-ils été
pris* ? que dans le cas où l'accusé avoue les avoir
pris, mais prétend que son intention était excusable,
ou n'était pas criminelle. Ce n'est que dans cette
circonstance, qui se présente rarement, que le Tribunal doit mettre en question *si l'accusé a eu intention de voler.* Tel était l'usage des Tribunaux criminels, pendant les quatre années qui ont précédé
le Code du 3 Brumaire an IV. 8.º Dans le cas d'une
effraction, le Tribunal ne doit pas demander aux
Jurés, *si l'accusé est auteur de l'effraction,* parce que
le Code la punit, quelqu'en soit l'auteur ; il en est
de même de l'escalade. 9.º Le Tribunal ne doit point
appliquer à tous les co-accusés, les questions relatives
aux circonstances aggravantes, mais les proposer une
seule fois dans ces termes : *le vol a-t-il été commis
à l'aide de fausses clefs* ? *a-t-il été commis à force
ouverte* ? *a-t-il été commis par violence envers les
personnes* ? *a-t-il été commis la nuit* ? *a-t-il été
commis dans une maison habitée* ? *a-t-il été commis
par plusieurs* ? En effet, ces questions ne sont
jamais appliquées aux complices. Or, la peine du
complice étant celle du principal auteur, et le co-accusé étant nécessairement complice de son co-accusé,

la suppression de cette répétition de questions, ne peut produire aucun inconvénient. 10.º Lorsqu'un individu est accusé de complicité, le Juge doit se borner à demander aux Jurés, *s'il a aidé et assisté le coupable;* et ne pas ajouter : *est-ce dans les faits qui ont préparé? est-ce dans ceux qui ont facilité? est-ce dans l'acte qui a consommé le crime?* Les termes du Code pénal démontrent que ces circonstances sont indifférentes. La question intentionnelle doit être unique ; il est ridicule de demander séparément *si l'accusé a agi sciemment, et s'il l'a fait dans le dessein du crime.* Ces deux propositions doivent être réunies dans une seule. 11.º Lorsqu'une personne est accusée d'avoir acheté, reçu gratuitement, ou recélé des effets volés, il suffit de proposer sur l'intention, cette seule question : *savait-elle que ces effets provenaient d'un vol ?* C'est une question surabondante, de demander au Jury si l'accusé l'a fait *dans l'intention du crime,* etc.

Telle est l'explication qu'il convient de donner aux articles 374 et 377 du Code, pour remplir le but du Tribunal de cassation, et faire cesser cette multitude de questions inutiles, inconnues avant la loi du 3 Brumaire an IV , que la Jurisprudence du Tribunal de cassation avait autorisées. De cette manière, sept ou huit questions suffiront souvent , pour remplir l'objet de trois ou quatre séries, qui en contenaient trente ou quarante.

Le dernier moyen de perfectionner l'institution du Jury , consiste à rapporter l'article de la loi du 19 Fructidor an V , qui ordonne aux Jurés de voter à l'unanimité, dans les vingt-quatre heures de leur réunion, et après cet intervalle, de former leur décision, à la simple majorité des opinions. Cet usage a deux inconvéniens graves : le premier, d'être fatigant pour les Jurés, qui sont condamnés à rester enfermés pendant vingt-quatre heures, parce que les uns et les autres ont de la fermeté, ou n'ont pas la faiblesse de sacrifier leur opinion. Le second inconvénient, plus dangereux, consiste dans la décision qui se donne après vingt-quatre heures de discussion ; elle est formée à la simple majorité, et compromet l'innocence de l'accusé. En effet, si la décision prononcée contre lui est le résultat de sept voix contre cinq, le sort de l'accusé dépend de deux personnes. Or, il est

injuste de condamner un Citoyen sur l'opinion
de deux personnes, sur-tout dans une matière
obscure où les incertitudes des Jurés ont duré
vingt-quatre heures. Il n'est personne dont l'existence menacée par une accusation, ne soit en
danger, sous l'empire de cette disposition légale.
Ces craintes fondées avaient été pressenties par
l'Assemblée Constituante ; elle ne voulut pas que
le sort des hommes fût à la merci de l'erreur, où
que la prévention dictât les jugemens criminels.
C'est pourquoi elle ordonna que l'opinion de trois
Jurés suffirait, pour décider en faveur de l'accusé
les questions proposées par le Tribunal. La Convention Nationale imita cette circonspection, et
maintint l'usage adopté par l'Assemblée Constituante. En effet, le Code du 3 Brumaire an IV
s'exprime ainsi : article 403. « La décision du
» Jury se forme sur chaque question, en faveur
» de l'accusé, par le concours de trois boules, et
» contre lui, par le concours de dix. » Cet usage
subsistait depuis six années, lorsqu'il fut aboli par
un article intercalé dans la loi révolutionnaire,
du 19 Fructidor an V. Les circonstances dans lesquelles cette loi fut portée, sont connues ; les

Injustices qu'elle occasionna sont incontestables.
Aussi, les articles qui la composent furent-ils successivement rapportés ; après l'époque mémorable
du 18 Brumaire. Le seul article qui concerne la
délibération des Jurés a subsisté, et c'est sans
doute une omission. On a lieu d'espérer que le
Gouvernement, mû par les considérations qu'on a
développées, s'empressera d'abroger la dernière
disposition de la loi du 19 Fructidor an V, et
reproduira le mode introduit par l'Assemblée Constituante, qui a réuni les suffrages de la Convention
Nationale. Ce sera le complément des moyens qui
auront perfectionné l'institution du Jury.

Soumettre la procédure à un système bien ordonné, n'est pas le seul devoir du Législateur.
Il importe encore de modeler sur ce plan, le système des lois pénales. A cet égard, l'Assemblée
Constituante paraît avoir atteint la perfection dé-
sirée. Néanmoins, cette partie des lois françaises
n'a pas été à l'abri de la critique du Tribunal de
cassation. Il convient donc d'examiner si les réclamations de ce Tribunal sont entièrement fondées.
Les observations qui vont suivre seront appro-
priées à la division du Code pénal.

La

La première partie n'a pas éprouvé de contradictions. Elle concerne la nature et la série des peines, leurs effets et la manière de les infliger. A cet égard, le Tribunal de cassation exprime le désir de voir exécuter les jugemens, dans le lieu le plus rapproché du délit. Il observe, avec raison, que la multitude des exécutions en atténue l'effet; et par ce motif, il conclut que l'exécution produira une forte impression et un effet durable, dans les communes d'une population médiocre, où elle sera nécessairement très-rare. La première partie du Code pénal remplit parfaitement l'objet du Tribunal de cassation. En effet, il y est ordonné que l'exécution se fera dans la ville où le Jury d'accusation aura été convoqué; ce qui divisait alors les exécutions entre les différens Districts du même Département, qui étaient nombreux. Le Code du 3 Brumaire an IV est le seul qui ait interverti cet usage. L'article 445 ordonne que l'exécution se fera dans la commune où siège le Tribunal criminel. Il suffit de faire revivre les dispositions du Code pénal, sur ce point, et d'ordonner que l'exécution se fera, non dans la ville où le Jury d'accusation aura été convoqué, mais dans la commune où siége le Tribunal civil de première instance, dans l'arrondissement duquel le crime aura été commis. Cette précaution est dictée par la prévoyance. En effet, il pourra souvent arriver que la déclaration du Jury d'accusation ou ce qui précède, soient annullés par le Tribunal criminel, ou par le Tribunal de cassation. Dans ce cas, si la nouvelle disposition légale était conçue dans les termes de celle du Code pénal, l'exécution du condamné aurait lieu, dans un arrondissement et même dans un Département étrangers à ceux où le crime aurait été commis. Alors l'exécution n'atteindrait pas le but proposé, parce que, suivant l'observation de Beccaria, « les idées *crime* et *châ-* » *timent* ne s'uniraient pas d'une manière ineffa- » çable dans l'esprit des assistans » qui seraient témoins de l'exécution, sans avoir connu les faits qui l'ont occasionnée.

La deuxième partie du Code pénal contient la série des crimes et leur punition. Le Tribunal de cassation convient que, dans certaines circonstances, les peines prononcées contre un genre de délit deviennent trop sévères, lorsqu'elles sont appliquées à son espèce. Alors, le Juge placé entre

l'indulgence et une rigueur outrée, se détermine
pour la première. De-là, l'impunité aussi fatale
qu'un excès de sévérité. Ces observations s'appliquent spécialement au crime de faux commis en
écriture authentique, qui indépendamment des circonstances, est puni de huit années de fers et
de six heures d'exposition publique. Or, cette
peine est évidemment trop rigoureuse, lorsqu'elle
est appliquée à celui qui s'est borné à altérer son
acte de naissance, pour éviter le service militaire,
sur-tout lorsqu'elle est prononcée contre celui qui,
pour éviter une proscription injuste, a fait usage
d'un faux passe-port. Un remède est donc nécessaire. Vouloir déranger l'économie du Code pénal,
serait une idée déraisonnable, parce que ce serait
détruire au lieu de modifier. Ce Code, que douze
années ont respecté, et qui d'ailleurs est un des
plus parfaits ouvrages de l'Assemblée Constituante,
n'a pas éprouvé de contradiction sérieuse, et mérite,
par conséquent, d'être maintenu. En effet, l'inconvénient qui résulte de ce que les peines sont appliquées aux genres des crimes, et non à chaque
espèce, est un inconvénient inséparable de toute
Législation humaine. Les considérations tirées du

crime de faux en sont la preuve. Le Législateur n'a pu ni dû prévoir toutes les nuances de ce crime ; et lorsque, prononçant d'une manière uniforme sur toutes ses espèces, il a puni de huit années de fers et de six heures d'exposition publique, le crime de faux commis en écriture authentique, il n'a pas prononcé une peine trop rigoureuse, parce que dans les espèces de ce crime est comprise la fabrication d'un acte notarié, de la signature d'un Ministre, d'un jugement civil ou criminel, etc., crimes infiniment graves. Placé dans l'alternative d'une peine souvent équitable et quelquefois trop sévère, le Législateur ne doit point donner l'espoir de l'impunité ; il doit maintenir la loi pénale ; et le vœu de l'humanité sera rempli, lorsqu'il aura fourni à l'accusé un moyen d'exception contre la rigueur de la peine, dont la validité sera appréciée. Le Tribunal de cassation propose à cet égard de rendre les Juges arbitres de la durée de la peine. Sans doute ce Tribunal ne veut pas donner aux Tribunaux criminels un pouvoir illimité, ni leur attribuer le droit terrible de déterminer la nature de la peine. Alors, la peine de mort deviendrait un instrument d'oppression entre les mains de

quelques hommes, et l'on verrait renaître ces anciens
arrêts des Parlemens, qui autorisaient à prononcer
la peine capitale contre des délits non prévus par
la loi, ou qu'elle n'avait jamais punis avec autant
de rigueur. Alors, la terreur s'emparerait de tous
les esprits, et chaque Citoyen redouterait de trouver
dans chaque Juge un ennemi implacable. Il y a
lieu de croire que la proposition du Tribunal de
cassation consiste seulement à permettre aux Juges
criminels, de modifier la gravité ou la durée des
peines déterminées par le Code pénal. Dans ce cas,
le Magistrat serait soumis à l'empire de cette loi,
et ne pourrait pas être plus sévère que le Législateur. Une telle disposition serait imparfaite, elle
ne remplirait pas le vœu de l'humanité, ni le but
du Tribunal de cassation. En effet, il pourrait arriver souvent que le Tribunal criminel n'usât pas
de la faculté qui lui aurait été donnée, quoique
dans des circonstances très-favorables. La sévérité
excessive dont ces Magistrats font profession, l'habitude des procès criminels, qui éteint en eux le
sentiment de l'indulgence, et quelquefois celui de la
modération, ne permettent pas d'en douter. Il serait
à craindre, au contraire, que le sentiment de la

crainte ou de l'affection, que produit souvent l'influence d'un coupable fortuné, n'atténuât la rigueur
légale; et n'obtint du Juge une décision indulgente,
refusée à l'individu malheureux et sans appui; tel
est le résultat ordinaire des jugemens humains,
parce qu'ils sont modifiés par l'influence des passions,
et quelquefois dictés par elle. Ces réflexions n'avaient
point échappé à la sagacité de l'Assemblée Constituante; c'est pourquoi elle ne voulut point que la
durée de la peine dépendît de la volonté arbitraire
du Juge; elle voulut, au contraire, que la
loi aveugle, et par conséquent impassible, la dé-
signât clairement. En cela, elle suivit l'exemple
de Rome, et particulièrement de l'Angleterre, où
le Juge, selon l'observation de Montesquieu, « pro-
» nonce contre l'accusé déclaré coupable par le Jury,
» la peine que la loi inflige pour ce fait; et pour
» cela, il ne lui faut que des yeux. » Le maintien
du Code adopté en 1791, est donc un devoir pour
le Législateur. C'est le meilleur préservatif contre
l'abus du pouvoir, que la faiblesse humaine favorise,
et que les circonstances de la vie civile ne peuvent
qu'augmenter. Alors, un autre moyen sera nécessaire, pour tempérer l'excès de sévérité, que le

Tribunal de cassation reproche avec raison à quelques articles du Code pénal. Ce moyen sera salutaire ; il sera approprié à la Législation actuelle,
s'il rentre indirectement dans les attributions du
Jury de jugement, auquel a été donné le droit
d'influer sur la détermination de la peine et sa
durée, en s'expliquant sur les circonstances du délit.
Telle sera l'obligation imposée aux Juges criminels,
de proposer au Jury la question d'excuse réclamée
par l'accusé ; « mesure juste et salutaire, qui fait
» concourir l'équité avec la justice ; précaution né-
» cessaire dans toute Législation qui ne veut pas
» être inhumaine, » dont l'application, qui a échappé
à la prévoyance des premiers Législateurs, a été
indiquée par l'article 646 et dernier du Code du
3 Brumaire an IV. Alors, les moyens d'atténuation
présentés par l'accusé, seront examinés, discutés
et appréciés. Le Jury prononcera avec impartialité.
Si l'excuse est admise, le Juge prononcera une
peine modérée, autre que les peines afflictives et
infamantes, mais sur-tout une peine déterminée
par la loi. Si l'excuse est rejettée, le coupable qui
n'aura inspiré aucun intérêt aux Jurés, encourra
l'indignation de la loi, et subira toute la rigueur de

la peine qu'elle a prononcée. Cette mesure exclura une molle indulgence. Elle sera le terme moyen, entre le danger de l'impunité et l'excès de la sévérité légale. La société sera satisfaite, et l'humanité consolée.

Tels sont les remèdes que l'expérience indiquait. Réformer les vices de la Législation, est un besoin; mais dans cette réforme, la circonspection est nécessaire. Eviter un inconvénient et en substituer un autre; tel est souvent le résultat des ouvrages de l'homme. La modération est donc le devoir du Législateur. La prudence lui défend d'employer des moyens, que l'usage n'a point éprouvés, et que l'expérience réprouverait. En effet, si le danger suivait de près l'exécution des nouvelles mesures adoptées, de nouveaux changemens deviendraient nécessaires. Alors, l'erreur continuelle du Législateur, les variations répétées de la Législation, manifesteraient l'inexpérience du premier, feraient douter de la sagesse de la loi, témoigneraient l'incertitude de sa durée, et n'inspireraient plus le respect, ni la soumission aveugle que le Citoyen n'accorde entièrement qu'aux institutions durables.

FIN.